# GOLFY
# EIN GOLFBALL PACKT AUS

*Dieses Buch ist gewidmet*

*Max Philipp, der Golf geiler findet als Geräteturnen in der Schule und sich als Fan von Tiger Woods »Puma Max« nennt*

*und*

*Monika Maria Lehmann, Beinahe-Golferin und doch eine echte Golfy-Verehrerin.*

BERND PHILIPP · HUBERT VON BRUNN

MIT ILLUSTRATIONEN VON KARSTEN WEYERSHAUSEN

# GOLFY

## EIN GOLFBALL PACKT AUS

SCHWARZKOPF & SCHWARZKOPF

# HI, ICH BIN GOLFY …

… und im Grunde ein Golfball wie jeder andere (von der besseren Sorte): ein Three-Piece-Ball mit Gummikern und Surlyn-Ummantelung, akkurat angeordneten Dimples auf der Oberfläche, exakt 42,67 Millimeter im Durchmesser und klassisch weiß. Ein Golfball, wie Sie ihn hundert- und tausendfach in Händen gehalten, mit Ihrer Big Bertha traktiert, mit Ihrem 7er Eisen misshandelt, mit Ihrem Putter gestreichelt – und ganz, ganz oft verflucht haben.

Vieles, verdammt vieles habe ich gesehen, erlebt, erlitten und erduldet: widerspruchslos und ohne Murren. Jetzt, denke ich, ist es an der Zeit, das Schweigen zu brechen und – auch im Interesse der Heerscharen anonymer Titleists, Top-Flights, Molitors, Pinnacles und wie sie alle heißen – endlich einmal mit all den Vorurteilen und Verleumdungen aufzuräumen, die uns Generationen von Golfern angehängt haben und immer noch anhängen. So kann's nicht weitergehen, und ich bin sehr froh, endlich zwei mutige Ghostwriter gefunden zu haben, die bereit waren, meine Geschichte(n) wahrheitsgetreu und vorurteilslos niederzuschreiben.

Doch auch wenn das Leben eines Golfballs mitunter nicht ganz einfach ist, gibt es durchaus erfreuliche und mitunter sogar befriedigende Erlebnisse. Wenn ich mir all die skurrilen Typen ansehe, die mir im Laufe meiner Karriere begegnet sind, bin ich letztlich schon froh, ein kleiner Golfball zu sein.

# KAPITELÜBERSICHT

*1. Thomas, der Vergessliche*

Er kommt meistens zu spät und beschimpft die Pünktlichen als Hektiker. Sein Bag * ist niemals komplett, fehlendes Equipment pumpt er sich zusammen (»He Leute, hat mal einer 'n Tee für mich?«).

*2. Harry, der Loser*

Er hat die Lizenz zum Versagen. Immer, wenn es darauf ankommt, hat er einen rabenschwarzen Tag und denkt ans Aufhören (»Nie wieder nehme ich einen Schläger in die Hand!«).

*3. Lucy, die Unvollendete*

Sie kann es nun mal nicht und ist oft den Tränen nah (»Ich hab' doch alles richtig gemacht«). Gleichzeitig ist alles, was sie macht, irgendwie übertrieben. Trifft kaum einen Ball und zersägt die Luft, aber wenn sie den Ball mal 50 Meter weit schlägt, stößt sie sogleich den Warnruf »Fore« aus, obwohl weit und breit niemand zu sehen ist.

*4. Oliver, der Fairwayschoner*

Schlägt den Ball von Rough zu Rough, Hauptsache seitlich! Ist nach der Runde völlig erschöpft, weil er (und seine ballsuchenden Mitspieler) außergewöhnlich weite Wege gehen müssen. Sorgt deshalb für hohe Adrenalinausschüttungen im Flight, vor allem im nachfolgenden.

**) Alle Golf-Fachbegriffe werden im Glossar am Ende des Buches erklärt.*

*5. Rita, die Regelfeste*

Mäßig in der Praxis, aber unschlagbar in der Theorie. Kennt das Regelwerk auswendig und verschont keinen Mitspieler mit ihrem Wissen. Ihr Lieblingswort: »Strafschlag«.

*6. Bernd, der Schwätzer*

Hat zu Hause nichts zu sagen – und nervt daher seine Mitspieler, indem er permanent belangloses Zeug plappert. Ein Quälgeist der Extraklasse.

*7. Lars, der Flattermann*

Ein hypernervöser Typ, für den Golf Stress am Rande des Wahnsinns bedeutet. Kettenrauchender Hippelbruder mit stets trockener Kehle. Vor dem Spiel muss er sich Mut antrinken.

*8. Felicitas, die Prächtige*

Ein Superweib, das mit allem ausgestattet ist, wovon Männer träumen. Und dabei spielt sie auch noch exzellent Golf. Kein Wunder, dass die anderen Mädels sie argwöhnisch beäugen und hinter vorgehaltener Hand als »Clubluder« bezeichnen.

*9. Bob, der Snob*

Markengeiler Angeber. Alles muss vom Feinsten sein, Hauptsache teuer und auffällig. Sein Equipment (handgefertigte Schläger in einem Bag aus vierfach gegerbtem Känguruleder) steht in keinem Verhältnis zu seinem golferischen Vermögen (HCP 48).

*10. Lena, die Zaubermaus*

Pisa hin, Pisa her – mit der Schule hat die 12-Jährige nicht viel am Hut. »Alles Zeitverschwendung!« Auf dem Golfplatz dagegen ist Lisa gnadenlos gut und lehrt bei jedem Turnier die versierten Spieler(innen) das Fürchten. Einstelliges Handicap, coole Haltung, hoch talentiert.

*11. Klaus, der Verzähler*

Nach seiner Zählweise ist er am Ende eines jeden Lochs ein bis zwei Schläge besser, als sein Zähler aufgeschrieben hat. Es folgen endlose Diskussionen – Zerwürfnisse bis zur Duell-Androhung im Clubhaus.

*12. Arnold, der Kraftmeier*

Denkt mit den Muskeln, und davon hat er reichlich. Verwechselt das Golfspiel mit Krafttraining. Das, worauf es ankommt, Schwung nämlich, interessiert ihn nicht. Totaler Quatsch ...

*13. Iris, die Öko-Fee*

Als Naturnärrin bewundert sie wortreich jeden Baum und jeden Busch, und es schmerzt sie, wenn ein Mitspieler mal ins Gras haut (»Muss das denn sein?«). Manchmal wird die Fee zur Furie.

*14. Boris, der Streber*

Hat sich schon vor dem Turnier auf der Driving Range total verausgabt und versagt gleich beim ersten Abschlag. Peinlich, findet Golfy!

*15. Elke, das Paradiesvögelchen*

Spielt grottenschlecht, sieht aber gut aus und ist in Männerflights gern gesehen. Ihr Markenzeichen: lange, scharfe, rote Fingernägel.

*16. Friedemann, der Philosoph*

In sich ruhender Schöngeist, der mit seinen poetischen Kommentaren die Mitspieler und Golfy gleichermaßen verzaubert. Wie schön: Bildung ist auch beim Golfen – einfach unschlagbar ...

*17. Marianne & Alexander, das Alptraumpaar*

Wer dieses Ehepaar kennt, weiß, was eine »schlagende Verbindung« ist. Kleinere und größere Beziehungs-Scharmützel werden vorzugsweise auf dem Grün ausgetragen.

*18. Frank, der Fatalist*

Sucht und findet für alles eine Entschuldigung – inklusive aller privaten und beruflichen Unzulänglichkeiten (»Christine schläft seit zwei Jahren nicht mehr mit mir – wie soll man da einlochen ...?«). Am 8. Loch lamentiert er noch über die falsche Schlägerwahl auf der 2. Bahn.

*19. Carl-August, der Veteran*

Sympathischer Grandseigneur und Platzhirsch im Clubhaus am 19. Loch. Kennt alle großen Golfplätze dieser Welt, aber verschweigt hartnäckig sein Handicap. Nur Golfy kennt die ganze Wahrheit ...

# THOMAS, DER VERGESSLICHE

Als der liebe Gott den Menschen das Golfspiel schenkte, hat er ganz bestimmt nicht an Leute wie Thomas gedacht. Wer mit ihm auf die Runde geht, braucht eine hohe Toleranzschwelle. Man bewegt sich ständig am Rande eines Nervenzusammenbruchs und nur Mitspieler mit psychotherapeutischen Fähigkeiten und einer gewissen Grundbarmherzigkeit lassen sich auf ein solches Abenteuer ein. Mir ist es ein Rätsel, wie offenbar normale Menschen sich so etwas freiwillig antun.

Es beginnt schon damit, dass das Spiel grundsätzlich ohne Thomas beginnt. Zur fest vereinbarten Startzeit ist er noch auf der Tankstelle, beim Friseur oder beim Urologen. Als notorischer Zuspätkommer erreicht er zwischen dem 3. und 5. Loch hechelnd seinen Flight und staucht seine Mitspieler zusammen: »Warum seid ihr denn schon ohne mich los? Ein paar Minuten hättet ihr ja wohl warten können ...« Auf den dezenten Hinweis, dass Tee-off-Time vor einer halben Stunde gewesen sei, reagiert er mit beleidigtem Unverständnis. »Jetzt stellt euch nicht so an. Man wird ja wohl einmal zu spät kommen dürfen.«

Milde lächelnd nehmen seine Freunde diese Flucht nach vorn zur Kenntnis. Sich jetzt schon über Gebühr aufzuregen, ist ohnehin zu früh, denn man ist ja erst an der 6. Bahn ... Nun greift Thomas ins Spiel ein. Nachdem er minutenlang sämtliche Taschen seines Bags nach einem Handschuh durchwühlt und schließlich ein uraltes, löchriges Exemplar hervorgekramt hat, zieht er schwungvoll seinen Driver heraus und schreitet entschlossen zur Tat.

Ich freue mich. Jetzt geht's endlich los. Doch in meine Vorfreude mischt sich sogleich die sorgenvolle Frage, wie es heute mit den Tees steht. Ich hab's gewußt ...!

»He, Leute, hat einer mal 'n Tee für mich?« Wie hätte es anders sein können? Einer der Mitspieler übergibt Thomas eine Handvoll bunter Tees – damit wäre immerhin dieses Thema schon mal erledigt.

Mit dem Abschlag versenkt er mich in einem Bunker, was mich nicht weiter verwundert, denn bei ihm lande ich nur gelegentlich auf dem Fairway. Das sagt jedoch nicht zwingend etwas über seine eigentlichen spielerischen Qualitäten aus. Wenig später muss er wieder einen seiner Kumpel bemühen, denn auch seinen Sand Wedge kann er nicht finden:

»Ich schwöre, gestern war er noch da!« Die anderen sehen sich vielsagend an, wissen sie doch, dass Thomas eigentlich noch nie mit einem kompletten Schlägersatz angetreten ist.

Immerhin: Seinen Putter hat er dabei. Der ist allerdings etwas klein, weil Thomas ihn aus dem Bag seines 12 Jahre alten Sohnes hat, der sich längst weigert, mit seinem Vater zu spielen. »Hier, nimm doch meinen Putter«, bietet ein Mitspieler ihm an, aber das lehnt Thomas dankend ab. Stattdessen fragt er: »Hat jemand mal was zu trinken für mich? Ich habe doch meine Wasserflasche im Auto gelassen. Komisch, das ist mir noch nie passiert ...«

Manchmal habe ich den Eindruck, dass Thomas Raum und Zeit verliert und gar nicht weiß, was er tun soll. Ständig muss ihn jemand zum Spiel auffordern und ermahnen. Dafür wird er aktiv, wenn ein anderer an der Reihe ist, was für chaotische Zustände sorgt. »Ich bin eben Individualist«, redet er sich dann raus, »das ist meine Stärke ...«

Es kann schon einmal passieren, dass zwei Löcher ohne besondere Vorkommnisse verlaufen, wie ein ganz normales Golfspiel, und alle sind dankbar für diese kleine Verschnaufpause. Aber jedem ist auch klar, dass es so reibungslos nicht weitergehen wird.

Ein starkes Stück leistet sich Thomas auf dieser Runde bei Loch 9. Er hat mich als ersten Ball aufs Grün gebracht, und ich bin regelrecht stolz auf ihn. Nach und nach kommen auch meine Kollegen an und versammeln sich um die Fahne. Ich habe den weitesten Weg und, wie es die Regel nun mal will, ist es jetzt an Thomas, mich mit dem Putter ins Loch zu bugsieren. Aber nichts passiert. Stattdessen hat Thomas sein Handy aktiviert und ruft seine Sekretärin an:

»Ich bin gerade in einer wichtigen Besprechung«, sagt er zu ihr, »schauen Sie doch bitte mal auf meinen Kalender. Ich glaube nämlich, dass ich heute Hochzeitstag habe. Wenn ja, kaufen Sie doch bitte einen schönen Blumenstrauß für meine Frau. Kann ruhig 10 Euro kosten, aber nicht mehr.« Dann beendet er das Gespräch, schaut gedankenverloren in die Botanik und brabbelt vor sich hin: »Ich weiß gar nicht genau, wie lange ich eigentlich schon verheiratet bin. Seit '86 oder seit '87, auf jeden Fall zu lange.«

Die Situation auf dem Grün hat er währenddessen ebenso wenig zur Kenntnis genommen wie die Tatsache, dass nicht nur seine Mitspieler, sondern auch der nachrückende Flight zunehmend ungeduldig werden. Die finsteren Mienen seiner Freunde übergeht er nonchalant: »Was macht ihr denn für Gesichter? Warum spielt ihr nicht?«

»Du bist dran, Thomas, und alle warten auf dich«, macht nun einer seinem Unmut Luft.

»Ach ja, nun habt euch nicht so. Mit euch Hektikern kann man ja nicht spielen. Ihr macht einen ganz nervös.«

Sagt er, zieht den Kinderputter hervor und locht mich ohne Mühe ein. Wie gesagt, manchmal zeigt er recht ordentliche Schläge, wenn er sich konzentriert.

Zählen ist überhaupt nicht Thomas' Stärke. Das wissen seine Freunde, und so übernimmt immer einer stillschweigend diesen Part.

Irgendwann zwischen dem 10. und dem 15. Loch greift dann doch in seinem Kopf der Gedanke Raum, dass das Golfspiel irgendwie auch mit Zählen zu tun hat. Score heißt das, und der wird auf einer Scorekarte notiert. Jetzt stellt Thomas fest, dass seine Scorekarte (falls er eine dabei hat) noch jungfräulich, sprich ohne Eintrag ist. Besorgt wendet er sich an seinen Freund Bernd.

Thomas: »Sag mal, hat denn einer mitgezählt?«

Bernd: »Ja, Thomas. Mach dir keine Sorgen, ich habe alles im Griff.«

Thomas: »Wär' ja auch zu schade, wenn mein sensationelles Spiel nicht dokumentiert würde. Heute ist mein Tag, ich fühle das. Wie stehe ich denn?«

Bernd: »Du hast schon besser gespielt, ehrlich gesagt. Zwei Striche immerhin, aber dafür auch zwei Par und sogar ein Birdie.«

Thomas: »Striche, das kann nicht dein Ernst sein. Wo sollen denn die Striche herkommen?«

Bernd: »Thomas, bitte! Du weißt doch, wenn man für ein Par 3 sieben Schläge braucht, erhält ein Spieler mit Handicap 29 einen Strich. Das heißt, das Loch wird gestrichen, es zählt nicht nach Stableford. Und wir spielen nach Stableford, wie immer.«

Thomas: »Ach hör doch auf mit deinem blöden Stableford. Ich lass mir doch von dem mein Spiel nicht kaputtmachen ... – Mal was ganz anderes, Matthias: Kannst du mir mal die Telefonnummer von deinem Qi-Gong-Lehrer geben. Ich muss unbedingt etwas für meine innere Ruhe tun.«

Bernd: »Thomas, ich habe keinen Qi-Gong-Lehrer, und ich bin auch nicht Matthias. Ich bin der Bernd und war dein Trauzeuge! Übrigens 1991.«

*Golfy meint: Das Golfspiel ist an sich schon eine verdammt komplizierte Angelegenheit. Mit einem Schussel wie Thomas im Flight bekommt der Begriff Handicap aber eine völlig neue Bedeutung. Deshalb an alle Thomasse dieser Welt: Seid dankbar für die Nachsicht eurer Freunde und zeigt euch erkenntlich dafür – am Loch 19, im Clubhaus.*

# HARRY, DER LOSER

Es gibt Tage, an denen sollte man – wenn irgend möglich – nicht vor die Tür treten. Am besten, man bleibt im Bett, zieht die Decke über die Ohren und rührt sich nicht vom Fleck. Auf gar keinen Fall sollte man an einem solchen Tag auf den Golfplatz gehen.

Harry hätte das wissen müssen, denn jener sonnige Nachmittag im Herbst, von dem gleich die Rede sein wird, war nicht der erste rabenschwarze Tag in seinem Leben, der in tiefer Resignation mit dem Ausspruch »Nie wieder nehme ich einen Golfschläger in die Hand!« endete. Ganz im Gegenteil. Von einer masochistischen Lust am Versagen getrieben, stürzte er sich hinein in die grüne Hölle des Golfplatzes und forderte alles und jeden (vor allem sich selbst) zum Kampf.

Auf den ersten beiden Löchern läuft's noch ganz ordentlich. Ich jedenfalls bin zu dem Zeitpunkt bester Dinge – und Harry hätte auch allen Grund gehabt, es zu sein. Mit einem Bogey und einem Doppelbogey lässt es sich für den Anfang doch ganz gut leben. Aber nicht Harry: »Ich hab's ja geahnt, es geht schon wieder los«, lamentiert er und legt seine Stirn in Falten. Natürlich ist es blöd, sich einen Strafschlag einzuhandeln, wenn man beim Putten einen tapsigen Schritt macht und mich mit seiner Schuhspitze einige Zentimeter zur Seite schubst. Man muss eben aufpassen, wo man hintritt. Das weiß man doch!

Jedenfalls ist dieser banale und letztlich doch unbedeutende Fehler für Harry der Startschuss zur mentalen Demontage. Mir kommt es so vor, als hätte er nur darauf gewartet, endlich mit sich hadern und sich Stück für Stück in den Sumpf des Versagens knüppeln zu dürfen. Jetzt ist Harry auf dem Trip, von jetzt an kann es zügig bergab gehen.

Beim nächsten Abschlag lässt er mir keine andere Wahl, als mit voller Wucht gegen den Stamm einer mächtigen Platane zu prallen, von da aus im schrägen Winkel rund 30 Meter zurückzuspringen und mich unter einen kleinen Haufen schöner bunter Blätter zu kuscheln. Ich gebe zu, ich spiele gern ab und zu ein bisschen Versteck. Es ist ein schöner Moment, wiedergefunden zu werden und in freudig erregte, erleichterte Gesichter zu blicken.

In dem Fall war es aber ein verdammt riskantes Spiel, denn Harry ist schon drauf und dran, mich abzuschreiben, als einer seiner Mitspieler mit gutem Auge und Gespür für Entfernung an der richtigen Stelle sucht und mich schließlich findet. Offensichtlich wäre es Harry lieber gewesen, zum Abschlag zurückzugehen, neu abzuschlagen und einen Strafschlag zu kassieren – von Freude über unser Wiedersehen kann jedenfalls keine Rede sein. Mit einigem Geschick (er ist ja kein schlechter Spieler, er hat nur die falsche Einstellung) holt er mich aus dem Laubhaufen heraus und bringt das Loch einigermaßen zu Ende. Wieder ein Doppelbogey.

Die Nummer beim nächsten Par 3 ist zirkusreif. Mit dem 5er Eisen schickt er mich auf die Reise: schnurgerade und mit einem Mordsspeed. Ich kann es selber kaum glauben, aber ich fliege genau auf den Fahnenstock zu und – das passiert im Leben eines Golfballs wirklich nicht allzu oft – diese mickrige Stange und ich berühren uns. Aber aus einem Hole-in-One wird nichts. Ich habe zuviel Effet, und so wirkt der Fahnenstock auf mich wie die Bande eines Billardtisches. Spontan ändere ich meine Richtung und flitze nach rechts. Für den tiefen, kraterähnlichen

Bunker, den man dort angelegt hat, bin ich ja nun wirklich nicht verantwortlich. Der Bunker ist einfach da, und ich hopse hinein. Na und? Ein guter Bunkerschlag und ich liege vor dem Loch. Ein Par wäre dann immer noch drin gewesen.

Aber Harry hat keine Lust auf einen guten Bunkerschlag. Hektisch pflügt er durch den Sand und murkst mich mit dem dritten Versuch endlich auf die Kuppe des kleinen Hügels, von wo aus ich einen schönen Überblick über das eindrucksvoll ondulierte Grün habe. Vier Schläge sind weg, jetzt heißt es einlochen – und zwar mit einem 14-Meter-Chip. Mon Dieu, aber nicht Harry! Mit beschämender Mutlosigkeit schubst er mich an den Rand des Vorgrüns und lässt mich dort verhungern. Das war's dann mit diesem Par 3, das doch so hoffnungsvoll begonnen hat. Stellen Sie sich den Gesichtsausdruck eines Boxers nach einem heftigen Tiefschlag vor: Er wirkt glücklich im Vergleich zu Harrys Miene, als er mich aufnimmt.

Und das Drama nimmt kein Ende. Beim 6. Loch – mich hat's wieder mal ins Rough verschlagen – übersieht Harry mit seinem von düsteren Frustrationswolken getrübten Blick den knapp aus dem Boden hervorragenden Fels neben mir. Als hätte er freie Bahn, holt er mit seinem 9er Eisen aus und zieht voll durch. Klar, dass der Fels nicht nachgibt. Ich mache einen kleinen Hüpfer und bin, ehrlich gesagt, gar nicht sonderlich überrascht, als das Eisen, das sich vom Schaft gelöst hat, an mir vorbeizischt. Schließlich ist so ein Schlägerkopf ja auch viel schwerer als ich.

Bei dieser Aktion verstaucht sich Harry das linke Handgelenk. Kein Wunder, wenn man so auf einen massiven Stein drischt. Das 9er Eisen ist hin. Und wie könnte es anders sein: Ab jetzt redet sich Harry ein, ausgerechnet das 9er Eisen ganz oft gebrauchen zu müssen. Nur damit er sich ausgiebig beklagen kann, dass er es jetzt nicht mehr hat. Ich gebe zu, ein wenig Mitleid habe ich schon mit ihm, vor allem wegen des lädierten Handgelenks. Das tut weh! Aber was soll diese Fixiertheit auf das 9er Eisen? Je nachdem kann doch der Pitching Wedge oder das 8er Eisen einspringen. Aber wie gesagt: Harry will sich ärgern, und es gelingt ihm. Perfekt!

Den Vogel schießt er dann auf der 8. Bahn ab. Auf seiner Scorekarte sind bis jetzt gerade mal 10 Punkte gutgeschrieben. Nach einem durchwachsenen Abschlag und einem total verunglückten 2. Schlag, bei dem ich im Wasser lande, aber Gott sei Dank mit der Angel herausgefischt werden kann, liege ich schließlich in einer leichten Mulde rechts vom Grün. Mit einem gefühlvollen Lob wäre ich in elegantem Bogen über den Bunker geschwebt, hätte mich auf dem Grün niedergelassen und wäre ganz bestimmt noch ein paar Meter in Richtung Loch gerollt – es ging ja schön bergab auf dem Grün.

Was macht Harry? Verkrampft wie er ist, schafft er es nicht, den Wedge unter mich zu bringen, sondern erwischt mich mit der Kante des Eisens genau an meinem Äquator. Sie ahnen die Folgen. Wie eine Rakete zische ich los, sause im Tiefflug über das Grün hinweg und bohre mich unterhalb der Kante in den Sand des gegenüberliegenden Bunkers. Wenn man mir so aufs Bäuchlein haut, werde ich zum Geschoss, und um ein Haar hätte mich die Wucht des Schlages komplett im Sand versenkt. Ein bisschen gucke ich zwar noch oben heraus, doch das nützt Harry auch nicht viel, denn meine Lage hätte ungünstiger nicht sein können.

Praktisch ohne Chance, einen halbwegs sicheren Stand einzunehmen, hat Harry die Wahl zwischen Pest und Cholera. Spielt er mich seitlich nach vorn, lande ich garantiert im Teich. Mich mit Blick nach vorn rückwärts in Richtung Grün zu spielen, hätte einen Kunstschlag erfordert, der bisher noch keinem gelang. Also kann sich Harry nur über die Bunkerkante stellen und versuchen, mich aus meiner Sandburg herauszuholen und irgendwie in eine spielbare Position in die Mitte des Bunkers zu bringen.

Das gelingt ihm tatsächlich auf Anhieb, und ich schöpfe wieder Hoffnung. Doch anstatt mich nun mit einem kleinen Häufchen Sand am Hintern aufs Grün zu befördern, donnert er mir erneut auf den Bauch und jagt mich exakt wieder dorthin, wo ich drei Schläge zuvor schon gelegen habe: in die leichte Mulde rechts vom Grün.

Noch ein Strich auf der Scorekarte – und Harrys Kampfmoral ist endgültig gebrochen. Das 9. Loch bringt er noch hinter sich, um sich dann mit Verweis auf sein verstauchtes Handgelenk aus dem Flight zu verabschieden. Gesenkten Hauptes trottet er zum Clubhaus zurück und schwört sich: »Nie wieder rühre ich einen Golfschläger an!«

*Golfy meint: Jeder hat mal einen schlechten Tag. Wer aber nichts auslässt, um dunkle Gewitterwolken über sich heraufzubeschwören, muss sich nicht wundern, wenn er nass wird. Immer daran denken: Das Golfspiel passiert in erster Linie im Kopf.*

# LUCY, DIE UNVOLLENDETE

Ich hasse ja diese verbissenen, schmallippigen Frauen, die mich beim Abschlag lieblos aufs Tee legen. Am schlimmsten sind die Unholdinnen, die mich dazu missbrauchen, das Tee ins harte Erdreich zu drücken. Das ist nun wirklich nicht meine Aufgabe. Manchmal räche ich mich und lasse mich kurz vor ihrem Abschlag noch mal runterfallen. Das ärgert sie, und während sie mich wieder aufs Tee legt, lache ich mir einen. Ist etwas gemein, aber irgendwie muss man sich ja wehren.

Zum Glück gibt es immer mal wieder Spielerinnen, die einen verwöhnen. Vielleicht nicht gerade durch ihr Spiel, aber durch ihr Aussehen und ihre Art. Und schon bin ich bei Lucy. Zwar haben mir meine beiden Ghostwriter davon abgeraten, mit meinen Weibergeschichten zu prahlen, aber: Wat mutt, dat mutt.

Lucy also! Das ist sie! An ihrer Seite könnte ich mir auch ein Leben ohne Golf vorstellen. Sie ist ganz süß, ich schätze sie auf Ende 20. Ich muss ja zugeben: Es gibt unter Gottes großem Golfdach begabtere Spielerinnen. Und wenn ich ganz ehrlich sein soll, dann fehlen ihr fürs Golfspiel so gut wie alle Voraussetzungen. (Ich hoffe, Lucy bekommt mein Buch nie zu sehen!)

Was Lucy so einzigartig macht, sind ihre nicht enden wollende Zuversicht und ihr Humor. Nur manchmal, wenn so gar nichts klappen will, bricht sie spontan in Tränen aus und meint: »Ich hab doch diesmal nun wirklich alles richtig gemacht ...« Nein, Lucy hast du nicht. Von jedem Satelliten aus könnte man sehen, dass du bei deiner Beinstellung das Grün um 20 Meter verfehlen musst. Es geht gar nicht anders. Schau: Deine beiden Fußspitzen und die Fahne sollten eine Linie ergeben. Aber deine Fußspitzen und die Fahne ergeben ein Dreieck. Aber wem sag ich das. Du weißt es ja im Grunde. Nur achtest du nicht drauf.

Es kann auch sein, dass Lucy sich nach einem missglückten Schlag freut wie ein Kind, laut lacht und ihren Mitspielern zuruft: »Hey, habt ihr den gesehen? Den muss mir erst mal einer nachmachen ...« Die anderen lächeln dann immer etwas gequält ...

Einmal konnte sich Lucy überhaupt nicht einkriegen vor Freude. Ich hätte in dieser Situation auch gelacht, wenn ich nicht der Leidtragende gewesen wäre ...

Also, Lucy am 3. Abschlag. Ganz sanft legt sie mich aufs Tee. Ich denk mir: ›Ach, Lucy, ich drück dir die Daumen. An mir soll's nicht liegen ...‹

Kurz vor dem Schlag dreht sich Lucy zu ihrer Freundin Susi um und erzählt ihr: »Gestern im Wiener Café habe ich einen ganz süßen Kellner gesehen. Einen Knackarsch hatte der, bo ey, ich sag dir, aber auch so was von einem Knackarsch ...«

Mensch, denke ich, jetzt hat sie sich verknallt. Na egal, wir zwei kommen ja doch nicht zusammen ... Dann trifft mich im wahrsten Sinne der Wortes der Schlag! Ich zucke zusammen und verliere gänzlich die Orientierung.

Als ich wieder zu mir komme, liege ich drei Meter h i n t e r dem Abschlag. Alles johlt vor Vergnügen – und Lucy bekommt einen Lachkrampf und stellt sich so hin wie eben Mädels, wenn sie mal müssen, aber nicht können.

Als Lucy mich wieder aufnimmt, lacht sie immer noch Tränen. Noch nie habe ich mich ihr so nah gefühlt. Aber das ist noch nicht alles. Lucy gibt mir einen Kuss und sagt: »Tut mir Leid, mein Kleiner!« Kann man sich so etwas in unserer verrohten Welt vorstellen!? Ich war jedenfalls in diesem Augenblick der glücklichste Golfball auf der ganzen Welt – und den lieben langen Tag über sehr aufgewühlt.

Seit diesem schönen Erlebnis hat Lucy in meinem Herzen einen festen Platz. Das ist sicher noch untertrieben. Da ist viel, viel mehr zwischen ihr und mir, ich fühle das. Sagen will ich es ihr nicht (sie hat ja ihren Knackarsch aus dem Café). Aber ich zeige ihr meine Zuneigung, indem ich bei ihren zahlreichen verkorksten Schlägen das Beste draus mache. Wenn Lucy zum Beispiel endlich das Grün erreicht hat, ist sie so glücklich, dass sie wie ein junges Reh herumhüpft. Das beeinträchtigt natürlich die Konzentration, und Lucy braucht dann immer noch drei bis vier Putts. Da bin ich natürlich machtlos.

Einmal sieht es so aus, als könne sie mich schon nach drei Schlägen einlochen. Aber sie gibt mir einfach zu wenig Schwung. Mit letzter Kraft schaffe ich es gerade noch bis an den Rand, dann bin ich am Ende. Mehr ist nicht zu machen. Dann höre ich, wie Lucy fleht: »O, nein, bitte, mach's für mich, bitte!« Also gut, ich gebe mir einen letzten Energieschub – und mache »plopp«.

Lucy schreit auf: »Ja, er hat es getan – für mich!« Dann nimmt sie mich aus dem Loch und gibt mir wieder einen Kuss. Der Einsatz hat sich gelohnt. Ich will ja nicht angeben, aber nenn mir einen Golfball auf der Welt, der so viele Küsse bekommt wie ich!

Bei so viel Hinwendung stört es mich auch überhaupt nicht, dass Lucy manchmal zwei- bis dreimal über mich hinwegschlägt – und das nach (!) ihren üblichen sieben Probeschwüngen. Ich nehme das einfach als eine wohltuende Erfrischung zur Kenntnis. Manchmal denke ich, dass Lucy, meine kleine Windmaschine, das nur für mich tut, um mich ein bisschen zu verwöhnen. There is something in her eyes ...

Einmal trifft Lucy mich auf Anhieb, wenn auch zu tief, so dass ich zwar steil nach oben fliege, aber nach nur knapp 50 Metern wieder auf dem Fairway lande. Lucy ist über diesen Wahnsinnsschlag so beeindruckt, dass sie völlig außer sich laut »Fore! Fore! Fore!« ruft, um andere Spieler zu warnen, obwohl weit und breit keiner zu sehen ist.

Ist sie nicht süß, meine Lucy? Sie ist für mich die Unvollendete im Spiel und in der Liebe leider die Unerreichbare. Weil ich doch keinen Knackarsch habe ...

*Golfy meint: Bei allem Verständnis für die Ernsthaftigkeit, mit der mancher Spieler ans Werk geht – auch der Humor ist ein guter Golfpartner. Und die liebe Liebe ja sowieso ...*

# OLIVER, DER FAIRWAYSCHONER

Die harte Schale, mit der wir Golfbälle ausgestattet sind, ist ein reiner Überlebensschutz – bei der Dresche, die wir kriegen! Heißt aber nicht, dass sich hinter dieser harten Schale nicht auch ein weicher Kern verbirgt – mental gesehen. Mich lässt es jedenfalls nicht kalt, wenn ich mit ansehen muss, wie manche Spieler sich abmühen und doch nichts, aber auch gar nichts zuwege bringen. Da habe ich dann schon so etwas wie Mitleid.

Das sind oft Spieler mit gutem Charakter, bemüht, alles richtig zu machen, aufopferungsvoll kämpfend, regelfest und sportlich fair ... Sie bringen alle Eigenschaften mit, die einen guten Golfspieler ausmachen – außer der einen: sie sind völlig untalentiert für diesen Sport. Schach, Monopoly, Kreuzworträtsel ..., bitte sehr, aber nichts, bei dem man sich bewegen muss. Was nützen innere Einstellung, Feingefühl, Fairness, wenn der Bewegungsapparat funktioniert wie ein eingerosteter Mähdrescher? Wenn dort, wo Ballgefühl gefordert ist – worauf ich naturgemäß besonderen Wert lege –, nichts als ungelenkes Hacken herauskommt?

Weiß der Himmel, wer Oliver dazu überredet hat, sich dem Golfspiel zu nähern, aber er hat es getan, irgendwie, und er hat auch seine Platzerlaubnis gemacht, irgendwie. Jetzt spielt er, irgendwie.

Ganz gewiss hat ihm sein Pro erklärt, dass es zwischen Abschlag und Putting-Grün eine ideale Spielfläche gibt – Fairway genannt –, die zu treffen das erklärte Ziel der ersten Schläge ist. Und um es etwas spannender zu machen, gibt es unterwegs Bunker und Wasserhindernisse, die man möglichst meiden sollte.

Auch wird man Oliver eingetrichtert haben, dass zu jedem Loch nur e i n Fairway gehört, benachbarte Fairways somit den Spielern vorbehalten sein sollten, die auf eine andere Fahne spielen. Und es wird ohne Zweifel auch vom Rough die Rede gewesen sein, jenem etwas rauheren Gelände, das ziemlichen Ärger machen kann.

Nun, an der Stelle muss Oliver etwas gründlich missverstanden haben. Vielleicht liegt's daran, dass er mit der englischen Sprache nicht ganz so vertraut ist, jedenfalls steht ROUGH bei ihm offensichtlich für: **R**ein **O**hne **U**nterlass **G**nadenlos und **H**eftig!

Schon der Probeschwung am Rande des Abschlags lässt erhebliche Zweifel aufkommen, ob sich mit einer derart fahrigen Hackbewegung überhaupt irgendetwas irgendwohin befördern lässt. Dazu ein Buckel wie Quasimodo, der Kopf in ruckartigen Pendelbewegungen und am Ende ein froschartiges Hüpfen ... Oliver kriegt das hin! Doch als gäbe es einen Sonderpreis für Fairwayschoner, gelingt es ihm, mit seinem unvergleichlichen Bewegungsablauf alles zu treffen – nur eben nicht das eigene Fairway.

Da liege ich schon nach dem 1. Abschlag zwei Meter vor dem Aus – und das auch nur, weil ich mich von der weiß lackierten Aus-Markierung, die Oliver mit unglaublicher Präzision aufs Korn genommen hatte, geschickt habe zurückfallen lassen. Ein kleiner Grasbüschel hält mich, die nächsten Büsche sind weit genug weg und stören nicht weiter. Jetzt ein wohl dosierter Schlag mit dem Wedge, und ich liege auf dem Fairway, wo ich hingehöre.

Was macht Oliver? Drischt mich mit dem 7er Holz volle Pulle zwischen zwei Birken hindurch, was schon leicht ins Auge hätte gehen können, über das Fairway und das gegenüberliegende Rough hinweg mitten auf das Fairway von Loch 6. Jetzt ertönt der erste Fore-Ruf dieser Runde – es wird nicht der letzte gewesen sein.

Ein Bombenschlag, das muss ich sagen, nur mit dem kleinen Fehler, dass ich jetzt von unserem Ziel, sprich Fahne 3, weiter entfernt liege als zuvor. Oliver lässt sich nicht entmutigen.

Entschlossen marschiert er mir hinterher und sogleich löst er ein weiteres vielstimmiges »Fore« aus, weil er in seiner Zielstrebigkeit das Spiel auf Bahn 6 vollkommen übersehen hat.

Jetzt aber, denke ich, jetzt hat er freie Bahn und kann mir mit seinem 5er Holz so richtig Feuer unterm Hintern machen. Denkste! Zwar schnappt er sich das 5er Holz, aber wie steht der denn bloß da? Bei dieser Beinstellung kann ich, wenn er mich trifft, beim besten Willen nicht aufs Fairway zurückkommen. Bestenfalls werde ich mich zwischen den ersten Baumreihen hindurchmogeln, dann irgendwo im Geäst hängen bleiben und besorgt nach unten fallen. Dort, wo sich üppiges Dornengestrüpp breit gemacht hat.

Oliver steht, wie er nun einmal steht und trifft, und ich lande in den Dornen, genau so, wie ich es vorausgesehen hatte. Jetzt wird es verdammt schwierig, mich zu finden. Der ganze Flight muss wieder einmal ran und beim Suchen helfen. Natürlich sind Olivers Mitspieler darauf eingestellt, ein wachsames Auge zu haben und seinetwegen weite Wege gehen zu müssen. Doch wer stürzt sich schon freiwillig gerne in den Dornbusch? So bleiben die anderen in gehörigem Abstand vor dem stacheligen Gehölz stehen und deuten alle in die gleiche Richtung. »Da müsste er liegen.«

Gut erkannt. Hier liege ich. Frage ist nur: Wie komme ich da wieder raus?

Aber Oliver ist hart im Nehmen. Ein wirklich guter Zug, den ich sehr an ihm schätze. Tapfer kämpft er sich zu mir vor, lässt sich ohne mit der Wimper zu zucken die Waden zerkratzen und zeigt ehrliche Freude, als er mich findet. Warum er sich für diesen schmerzhaften Umweg mit dem Eisen 8 bewaffnet hat, erschließt sich mir nicht ganz, doch für Oliver ist es im Grunde egal. Hauptsache, er hat etwas Hartes in der Hand, mit dem er zuschlagen kann. Weder kann er ausholen noch gibt es die geringste Chance, in diesem Gestrüpp richtig durchzuziehen. Ein normaler Spieler hätte jetzt ein echtes Problem. Doch mit seinen unorthodoxen Bewegungsabläufen gelingt es Oliver, mich aus meiner dornenreichen Lagerstätte herauszukatapultieren, und zwar mit derart Schmackes, dass mir nichts anderes übrig bleibt, als nach oben zu schießen, gegen den nächsten Ast zu dozzen, von dort seitlich abzuprallen gegen den nächsten Baumstamm, um schließlich völlig verwirrt in hüfthohen Brennnesseln zu landen.

Gerne hätte ich ihm das erspart, aber wie soll ich mich noch orientieren, wenn ich gar nicht mehr weiß, wo mir der Kopf steht?

Und schon wieder ist der ganze Flight aufgerufen, mich zu suchen. Einmal mehr Gelegenheit für die nachrückenden Spieler durchzuspielen. Jeder Flight, der mit Oliver unterwegs ist, teilt das Schicksal, mehrmals auf der Runde überspielt zu werden. Das ginge ja noch. Was wirklich an die Substanz geht, und zwar an die körperliche, ist die Tatsache, dass eine Runde mit ihm nie weniger als sechs Stunden dauert und dass die Wege, die zurückgelegt werden müssen, immer um mehrere Kilometer länger sind als üblich.

Wer mit Oliver auf die Runde geht, ist nach 18 Löchern fix und fertig und nimmt sich vor, nie wieder mit ihm zu spielen. Aber dann ist er doch wieder so ein netter Kerl, einer, dem man nicht vor den Kopf stößt und bei dem man hofft, dass er es beim nächsten Mal vielleicht irgendwie schafft, das Fairway zu treffen. Und dann wird es doch wieder ein Suchspiel – zeitaufwendig, kraft- und nervenraubend.

*Golfy meint: Leute, wenn ihr über null Komma null Ballgefühl verfügt, lasst es besser mit dem Golfen sein. Es gibt so viele andere schöne Sportarten, bei denen man sich blamieren kann. Wie wär's mit Bodenturnen ...?*

GOLF

# RITA, DIE REGELFESTE

Ein Golfball, der so viel herumkommt wie ich, muss sich nicht nur mit den skurrilsten Typen herumschlagen und deren Marotten aushalten, sondern er bekommt auch eine Menge mit, was Regeln und Etikette anlangt. Da bin ich ziemlich fit, was man von jedem Spieler weiß Gott nicht behaupten kann. Dabei haben die es im Gegensatz zu mir ja mal richtig gelernt, oder etwa nicht?

Was soll's, manche sind eben ein wenig vergesslich oder schlicht durch und durch Praktiker. Nach dem Motto »Grau ist alle Theorie« wollen sie einfach nur spielen und sonst gar nichts. Sie freuen sich über einen besonders weiten Drive, einen gelungenen Bunkerschlag vor den Fahnenstock oder einen Long-Distance-Putt auf stark onduliertem Grün. Mit haarspalterischen Regelauslegungen halten sie sich nicht auf.

An der Stelle, das ist mir vollkommen klar, scheiden sich die Geister. Die einen nehmen es päpstlicher als der Papst, die anderen lassen auch schon mal die Fünfe grade sein, vor allem wenn es um nichts geht. Wie viele Freundschaften sind an solchem Prinzipienstreit schon zerbrochen, wie viele Tränen wurden vergossen? Selbst zu Handgreiflichkeiten soll es, wie in unseren Kreisen hinter vorgehaltener Hand kolportiert wird, schon gekommen sein.

Der »Fall Rita« macht deutlich, was ich meine. Als Rita mich aus ihrem Bag hervorzieht und als den Ball vorstellt, mit dem sie zu spielen gedenke, beschleicht mich sofort ein ungutes Gefühl. Habe ich doch von einem Kollegen, der vorige Woche mit ihr unterwegs war und die Runde »wie durch ein Wunder« heil überstanden hatte, gehört, dass man sich als Ritas Partner auf einiges gefasst machen müsse. Doktorin der Jurisprudenz sei sie, Staatsanwältin von Beruf und vollgestopft mit Gesetzen und Paragraphen. Was das Golfen anlangt, recht schwach in der Praxis, aber unglaublich stark in der Theorie. Oje, denke ich, nichts mit »Lovely Rita«, das wird eher 'ne Hardcorenummer ... Wie fürchterlich Recht ich behalten sollte.

Beim ersten Abschlag geht es schon los.

»Das war knapp«, sagt sie trocken, nachdem der Herr, der als Gast in dem Damenflight gnädig Aufnahme gefunden hat, seinen ersten Ball mit einem gekonnten weiten Drive auf den Weg geschickt und zufrieden sein Tee wieder eingesteckt hat.

»Wieso?«, fragt dieser irritiert.

»Weil Sie höchstens einen Zentimeter hinter der Markierungslinie aufgeteet hatten. Zwei Zentimeter nach vorne und Sie hätten zwei Strafschläge kassiert. Regel 11–4.«

Die Miene des Herrn verrät erste Zweifel, ob es denn eine gute Idee gewesen sei, sich ausgerechnet diesem Flight anzuschließen. Immerhin ist er klug genug, sich jeglichen Kommentars zu enthalten. Nicht so Ritas Freundin Barbara auf der 5. Bahn. Freundin? Na ja, ich weiß nicht. Wer Rita zur Freundin hat, kann auf Feinde getrost verzichten. Jene Mitspielerin also, die mit ihren Fairwayhölzern – sehr zu Ritas Missfallen – beachtliche Längen erzielt, versenkt ihren Ball nach einem strammen 150-Meter-Flug in der Bodenkante eines unfreundlich tiefen Bunkers vor dem Grün.

Ich kann das Drama erst erkennen, nachdem ich drei hilflose Rita-Schläge weiter nach vorne gehoppelt bin und nun endlich seitlich vom Bunker liege. Mir ist klar: So wie Barbara meinen Kumpel in die schmale Erdspalte zwischen Sand und Gras hineingedonnert hat, wird's schwierig, um nicht zu sagen – hoffnungslos.

Barbara sieht das auch so und erklärt ihren Ball für unspielbar. Rita nickt zustimmend. Barbara steigt von der flachen Seite in den engen Bunker, pult ihren Ball aus der Erdspalte, klettert wieder heraus und lässt den Ball vier Meter hinter dem Bunker fallen. Keiner sagt etwas. Der Typ nicht, der sehr früh begriffen hat, dass er diesen Flight am besten übersteht, wenn er schweigt, die dritte Dame im Bunde nicht und Rita auch nicht. Da Barbaras Ball jetzt am weitesten von der Fahne weg liegt, greift sie zum Wedge und schickt ihn in wunderbarem Bogenflug aufs Grün.

»Das war's dann wohl für dieses Loch«, züngelt Rita mit unüberhörbarer Häme.

»Wie bitte!?« Barbara ist entsetzt. »Einen Strafschlag, na und? Ich liege vier. Noch ein Putt und ich spiele Bogey.«

»Drei Strafschläge, meine Gute, drei«, verbessert Rita ihre Freundin, und die Selbstgefälligkeit in ihrer Stimme dreht Pirouetten. »Regel 28 b und c. Tja, das kommt davon, wenn man die Regeln nicht beherrscht.«

»Ich kenne die Regel«, blafft Barbara zurück. »Wenn ich einen Ball für unspielbar erkläre, erhalte ich einen Strafschlag und kann den Ball in gerader Linie zum Fundort so weit von der Fahne weg fallen lassen, wie ich will.«

»Stimmt. Nur nicht im Bunker. Hier musst du den Ball im Bunker droppen. Bei Regelverstoß gibt's zwei Strafschläge. So ist das nun mal.«

»Und warum hast du mir das nicht vorher gesagt?« Barbaras Gemütsverfassung erscheint mir jetzt etwas instabil. Wird es Tränen geben …?

»Warum sollte ich?«, kontert Rita ungerührt. »Jeder ist für sich selbst verantwortlich. Und sollte ich mir vielleicht zwei Strafschläge wegen unerlaubter Belehrung einfangen?«

Das war gemein. Rita weiß ganz genau, dass Hinweise auf Regeln keine unerlaubte Belehrung darstellen. Barbara ist verunsichert. Sie will es jetzt auf keine weiteren Regeldiskussionen mehr ankommen lassen. Ich bin dankbar, dass es endlich weitergeht – der nachrückende Flight auch.

Die Stimmung ist hin. »Alte Zimtzicke« ist die letzte Bemerkung, zu der sich Barbara hinreißen lässt, ansonsten herrscht eisiges Schweigen. Abgesehen von Rita natürlich, die ihren Regel- und Etiketten-Nachhilfekurs unbeirrt fortsetzt: »Der Probeschwung war nicht angesagt.« – »Sie hätten Fore rufen müssen.« – »Pass auf meine Puttlinie auf!« – »Du hast den Bunkerboden berührt, Regel 13–4 b, zwei Strafschläge. – 12–2, Strafschlag; 14–4, Strafschlag; 17–2, zwei Strafschläge ...«

So geht das von einem Loch zum andern. Prinzipiell korrekt, aber unheimlich nervig. Auf der Bahn 17 habe ich dann endlich die Chance, der Frau Doktor eins auszuwischen. Die Praxis ist, wie schon gesagt, nicht ihre starke Seite, und so schickt sie mich bei diesem Abschlag schnurgerade in Richtung Aus. Etwa fünf Meter vor den weißen Pfählen komme ich auf, mache noch zwei schöne Sätze und bleibe dann auf einem wuscheligen Grasbüschel genau auf der Auslinie liegen. Der Wind bläst ziemlich heftig, und ich spüre sofort, dass meine Lage reichlich unsicher ist und ich mich dort wohl nicht so lange werde halten können. Das wird lustig.

Es dauert eine Weile, bis Rita und Freundin Evelyne, die sich das Wohlwollen der gestrengen Staatsanwältin durch beflissenes Mitsuchen auf der Runde erarbeitet, mich gefunden haben.

»O, ich glaube, der Ball ist aus«, bemerkt Evelyne nicht ohne Schadenfreude.

»Nicht so hastig«, meint Rita, »das wollen wir erst einmal genau untersuchen.« Damit geht sie hinter dem weiter entfernten Pfahl in die Hocke, um meine Lage gewissermaßen über Kimme und Korn zu peilen.

»Ich würde sagen, er liegt genau auf der L...«

»Linie«, wollte sie sagen, doch in dem Moment greift mir ein freundlicher Windstoß unter die Arme und ich kullere gemächlich über den geschwungenen Ausleger des Grasbüschels ins Aus. Mindestens zehn Zentimeter. Klare Sache. Und da Rita, ihrem Glück vertrauend, auf das Spielen eines provisorischen Balls verzichtet hat, bleibt ihr jetzt nichts anderes übrig als zurückzumarschieren und erneut abzuschlagen.

Als Rita mich aufnimmt, durchbohren mich feindliche Blicke, und ich habe für eine Sekunde ernsthaft Sorge, sie könnte mich vor Wut in den Acker werfen. Aber dann besinnt sie sich doch eines Besseren. Eine Staatsanwältin tut so etwas nicht. Ein Glück nur, dass es keinen Knast für Golfbälle gibt. Rita hätte mich bestimmt eingebuchtet – wegen ungebührlichen Verhaltens oder so.

*Golfy meint: Grundsätzlich, daran gibt's gar nichts zu deuteln, sind die Regeln da, um eingehalten zu werden, und es macht mich fuchsteufelswild, wenn ich zusehen muss, wie ein sogenannter Sportsmann sie mit Füßen tritt. No way, njet, basta! Was wäre unser schöner Sport ohne ein solides Regelwerk? Andererseits werde ich aber auch grantig, wenn Frau Besserwisser und Herr Rechthaber vor lauter Paragraphenreiterei gar nicht mehr wissen, wozu sie eigentlich auf dem Platz sind. Also Leute: Bitte keinen Golfkrieg anzetteln.*

# BERND, DER SCHWÄTZER

Mein Vater, der auch schon Golfball war, hatte mich gewarnt: »Junge«, sagte er zu mir, »lerne was Anständiges, aber werde bloß nie Golfball! In diesem Job bist du dein Leben lang ein Geschlagener.« Er wusste, wovon er sprach. Er starb denn auch den furchtbarsten aller Golfball-Tode: vermoderte in einer Wasserbrache. Meine Mutter konnte seinen frühen Tod nicht verkraften und ging freiwillig ins Wasser.

So wuchs ich also in einem Waisenheim für kleine Golfbälle auf, und allein dadurch war mein Berufsweg vorbestimmt. Was hätte ich bei meinem Aussehen auch sonst machen sollen? Ich erinnere mich immer wieder daran, dass Papa mal meinte: »Diese Golfer – du glaubst ja gar nicht, was das für schräge Typen sind ...«

Heute weiß ich, dass er Recht hatte. Wenn ich nur an Bernd denke. Dieser Typ gehört zu der leider immer größer werdenden Gilde der Schwätzer. Sie können den Mund nicht halten und reden – immer!

Bernd ist eigentlich nicht unsympathisch, so etwa 50 Jahre alt, Handicap 32. Ein Rundling, der immer etwas abgerissen aussieht und in Klamotten herumläuft, als wäre er auf einem Campingplatz oder als würde er gerade aufbrechen, um bei Aldi Würstchen fürs Grillen einzukaufen. Ganz bestimmt kein Typ, der auf den Putz haut.

Um Bernd richtig einschätzen zu können, muss man wissen, dass er ganz früher Fußball gespielt hat und dann zum Tennis wechselte. Im Tennisverein wollte aber niemand mit ihm spielen, weil er bei jedem Ballwechsel unaufhörlich redete und Kommentare wie ein Sportreporter von sich gab. Letztlich legte man ihm sogar nahe, aus dem Verein auszutreten. So landete er also mit seinem ungebremsten Mitteilungsdrang in unserem Golfclub. Nun haben wir den Salat, ähh, den Bernd, der so viel redet, dass man allein schon vom Zuhören heiser werden kann.

Es fängt schon damit an, dass er alles, was er macht, kommentiert. Wenn er zum Beispiel beim Abschlag das Tee ins Gras steckt, sagt er: »So, jetzt werde ich mal das Tee ins Gras stecken!« Wenn er mich aufs Tee legt, heißt es: »Nun lege ich den Ball aufs Tee.«

Obwohl jeder sieht, dass er einen Probeschwung macht, verkündet Bernd: »Jetzt mache ich einen Probeschwung.« Zuweilen vergewissert er sich bei den anderen: »Nicht schlecht, was?« Die nicken stumm.

Bevor er mich anspricht, signalisiert er seinen genervten Mitspielern (und mir): »Na, dann wollen wa mal!« Sogar in dem Moment, in dem er mich in die Lüfte jagt, kann er nicht an sich halten: »So, und nun flieg mal schön, mein Alter!«

Das ist immerhin noch relativ nett. Ein anderer hat mich mal angebrüllt mit den Worten: »Los, du fauler Sack, beweg dich!« Da bin ich mitten im Flug rechts abgebogen und habe mich in einem Gebüsch versteckt. Nicht mit mir in diesem Ton!

Dann doch lieber mit einem wie Bernd. Er kommentiert natürlich nicht nur das eigene Tun, sondern auch die Schläge der anderen. Eigentlich besagt ja die Etikette, dass man den Mitspieler beim Spiel nicht stört. Aber das kümmert Bernd überhaupt nicht. Einer in seinem Flight wollte kürzlich auf Loch 8 zum Birdie putten. Mitten in der Konzentrationsphase und kurz vor dem Ansetzen des Schwungs fragt ihn Bernd: »Wo hast du deine Hose gekauft, die gefällt mir.« Blankes Entsetzen. Natürlich wurde es nichts mit dem Birdie. Der Ball blieb 20 Zentimeter vor dem

Loch liegen. »O, sorry«, meinte Bernd, »ich wollte dich nicht stören. Aber sag mal: Wo hast du denn nun die Hose her?«

Manchmal reizt Bernd die anderen auch dadurch, dass er ihnen auf dem Fairway überfallartig eigenwillige Fragen stellt. Zum Beispiel: »Wusstet ihr, dass Krokodile gegen Verdauungsstörungen im Schnitt 2,5 Kilo Kiesel im Magen haben?« Oder: »Hättet Ihr gedacht, dass der Kürbis eigentlich eine Beere ist – und die Erdbeere ein Rosengewächs?

Unaufhörlich glänzt er mit derart nutzlosem Wissen und macht damit auch noch kokett einen auf gebildet: »Übrigens, wenn man die Cheopspyramide abbaute und aus ihren Steinen eine Mauer um Frankreich zöge, wäre die drei Meter hoch.« Wow, wer hätte das gedacht? Aber es interessiert kein Schwein.

Wer Bernd in seinem Flight hat, muss ganz stark sein und in sich ruhen. Diese Voraussetzungen hat natürlich nicht jeder. Einer, der erstmals mit Bernd auf der Runde war, rastete einmal völlig aus, weil er dessen ständige Sabbelei nicht mehr ertragen konnte.

Das kam so: Der Typ hat seinen Ball aus dem Bunker schlagen wollen, aber Bernd ließ ihm keine Chance, sich zu konzentrieren.

»Das schaffst du nie, da rauszukommen«, meinte er. Und als er dann noch den anderen Spielern Wetten anbot, verlor der Genervte total seine Fassung, drosch wütend auf den Ball ein und drückte ihn immer tiefer in den Sand. Bernds Kommentar: »Na, hab ich euch doch gesagt: Er schafft es nicht!«

Obwohl er ein notorischer Quälgeist ist, hat Bernd offenbar auch ein paar Freunde. Die nennen ihn fast liebevoll Berni-Sterni. Lange habe ich gerätselt, wie er zu diesem Kosenamen gekommen sein mag. Jetzt kenne ich den Grund: Bernd geht nicht nur mit Worten sehr großzügig um, sondern ist insgesamt ein recht spendabler Typ.

Nach jedem Spiel lädt er seinen Flight im Clubhaus zu einem üppigen Gelage ein. Alle können trinken und essen, so viel sie wollen. Sie müssen dafür nur eins tun: still sein und ihm zuhören. Nur manchmal ruft einer dazwischen: »Bärbel-Maus, mach noch mal vier Pils und vier Klare auf Berni-Sterni!«

Inzwischen habe ich auch gehört, dass es in Bernds Ehe nicht stimmen soll. Seine Frau und er – sie haben sich angeblich nichts mehr zu sagen. Schwer vorstellbar bei Berni-Sterni ...

*Golfy meint: Nichts gegen eine gepflegte Plauderei beim Golfspiel. Aber beim Schlag muss absolute Ruhe herrschen. Sonst gibt's Krach.*

# LARS, DER FLATTERMANN

Im Grunde, wenn ich das mal etwas spöttisch sagen darf, ist er ein ausgesprochen konstanter Spieler, der Lars. Spielt seit fünf Jahren mit Handicap 45. Das muss ihm erst einer nachmachen. Einmal hätte er sich in einem Turnier fast auf HCP 44 »runtergespielt«, aber beim letzten Putt brauchte er fünf Schläge auf dem Grün – das war's, Lars! Ein sympathischer Typ, aber eben total verhuscht. Als Zahnarzt soll er angeblich eine ruhige Hand haben, aber auf dem Golfplatz kriegt er ständig die Flatter.

Als er mich erstmals aufs Tee legt, denke ich, er hat Schüttelfrost – so sehr zittert seine Hand. Fünf Versuche braucht er, bis er mich endlich in die richtige Position gebracht hat. Das nervt. Die anderen im Flight machen sich oft lustig über ihn. Einer erzählt, dass Lars vor dem Start immer einen doppelten Obstler braucht, um ruhiger zu werden. Ich denke, er sollte es mal mit zwei Doppelten versuchen ... Vorige Woche höre ich, wie Paul und Vanessa über Lars reden.

Paul: »Gestern Abend hat mich Lars angerufen und gefragt, ob wir denn wirklich heute spielen wollen. Ich glaube, er wäre dankbar gewesen, wenn ich gesagt hätte: Nee, Lars, besser ein andermal ...«

Vanessa: »Es bleibt bitte unter uns, aber mich hat er sogar noch vorhin angerufen und scheinheilig gefragt: Sag mal, spielen wir heute – oder am nächsten Sonntag? Da war mir natürlich klar, dass er mal wieder Bammel hat.«

Ist mir ein Rätsel, warum einer wie Lars überhaupt Golf spielt, wenn ihn das nervlich überfordert. Es zwingt ihn doch keiner. Und dann noch seine ständige Raucherei. Ekelhaft! Wenn er mich in die Hand nimmt, fühle ich mich, als würde ich ein Bad in einem vollen Aschenbecher nehmen. Ich brauche Tage, bis ich diesen Nikotin-Gestank vom Körper habe. Wenn ich noch einmal auf die Welt komme, werde ich Nichtraucher-Golfball, ich schwör's!

Irgendeiner hat mal erzählt, dass Lars auf recht dubiose Weise zu seiner Platzreife gekommen sei. Sein Pro soll zutiefst verzweifelt gewesen sein, als Lars nach einem sechsmonatigen Individualtraining noch immer nicht in der Lage war, ein Par 3-Loch mit weniger als neun Schlägen zu spielen. Irgendwann war es dem Pro dann zuviel. Lars bekam seine PE und wurde Clubmitglied.

Im vergangenen Jahr wurde unser Hippelbruder 40. Seine Freunde wollten ihm ein besonders schönes Geschenk machen und organisierten für ihn einen Vierer-Flight mit den drei besten Spielerinnen. Zum Glück ahnte Lars nicht, was ihn da erwartete. Ich glaube, er wäre vor lauter Aufregung gar nicht erst erschienen.

So musste er also zu seiner großen Verblüffung mit Lizzy (HCP 7), Kathrin (HCP 12) und Adele (HCP 14) ins Gefecht. Mann, war der fertig. So daneben habe selbst ich ihn noch nie erlebt. Da liege ich also auf dem Grün, und was sehe ich? Lars kommt auf mich zu – mit seinem 5er Eisen. Um Golfes Willen, denke ich, was will der Spinner denn damit? Da ruft zum Glück Lizzy ihm zu: »Larsi-Schatz, zum Putten nimmst du besser deinen Putter!«

Gerade noch rechtzeitig. Dieser Kerl hatte nämlich schon zum Abschlag-Schwung ausgeholt. Wer weiß, wo ich die Nacht verbracht hätte ... Lars ist ein Spieler »out of control«. Er weiß eigentlich nie, was er zu tun hat, macht instinktiv das Falsche.

Normalerweise schlägt ja immer derjenige Spieler als Erster ab, der auf dem Loch davor die wenigsten Schläge gebraucht hat. Weil es sich bei diesem Flight aber um ein Geschenk handelt, beschließen die Damen, immer dem Geburtstagskind die Ehre zu überlassen – und zwar vom Damenabschlag. Ein Entgegenkommen, das Lars nicht wirklich weiterhilft. Er empfindet das als zusätzliche Belastung.

Auf der 5. Bahn trifft mich Lars außergewöhnlich gut – und ich lande bei etwa 150 Meter. Ich gucke zurück und beobachte, dass sich Lars sofort seinen Trolley schnappt und auf mich zustürmen will. Diesmal ruft Adele: »Mensch, Lars, du spielst doch nicht alleine. Wir sind auch noch dran, warte bitte.« Da war »Dr. Hastig«, wie Kathrin ihn nennt, mal wieder völlig durch den Wind.

Wie gelähmt bin ich, als ich merke, dass mich Lars am 10. Loch genau in die entgegengesetzte Richtung schlagen will, also nicht zur Fahne hin, sondern auf das Fairway des benachbarten 3. Lochs. Gerade mal so kann Adele das Schlimmste verhindern. Lars am Rande seiner Kräfte: »Ihr Lieben, es ist wunderschön mit euch, aber wollen wir nicht unser Spiel abbrechen und lieber ins Clubhaus gehen?«

Ich habe in meinem ganzen Leben noch nie drei so glückliche Frauen erlebt. Sie umarmen Larsi-Schatz, küssen ihn – so dankbar sind sie, dass das grausame Spiel ein Ende hat. Kathrin nimmt mich schließlich auf und sagt zu mir: »Scheiß-Tag, was, mein Junge?«

Kann man wohl sagen. Nur gut, dass Larsis nächster runder Geburtstag erst in zehn Jahren ist. Da bin ich schon auf Rente.

*Golfy meint: Wenn alle Golfspieler solche Flattermänner wären wie Lars, würde ich mich vom Arbeitsamt sofort auf Puck umschulen lassen.*

# FELICITAS, DIE PRÄCHTIGE

Nein, nein, nein – ein Weiberheld bin ich nun wirklich nicht, wie im Club zuweilen behauptet wird. Ich bin bekennender Single. Wer wie ich schon bei der Arbeit von Frauen geschlagen wird, sehnt sich nicht nach einer Partnerin für zu Hause ...

Nur manchmal, wenn ich abends am Eindösen bin, kommen mir da so ein paar Gedanken. Zum Beispiel halte ich mir vor Augen, dass ich es bei allem Berufsstress doch ganz gut habe. Und dass ich für fast jeden Ärger irgendwie entschädigt werde. Vor allem, wenn SIE im Spiel ist. Dann scheint auch bei Regen die Sonne. Und meine Sonne heißt Felicitas. Hhhhmmmm: Fe-li-ci-tas. »Nomen est omen« dürfen jetzt alle humanistisch halbgebildeten Studienräte und Bibliothekarinnen einwerfen. Recht haben sie: Felicitas, die Glückliche. Mit ihr könnte ich mir schon was vorstellen. Ich gebe es zu. Bin eben auch nur ein Mann ...

Als der liebe Gott Felicitas schuf, muss er in Verschwenderlaune oder beschwipst gewesen sein (ein Gläschen »Himmlisches Moseltröpfchen« zuviel?). Alles, wovon andere Frauen nur träumen, hat sie im Übermaß: Sie ist schön, sexy, liebevoll, gescheit, humorvoll, sinnlich. Sie ist auch erfolgreich, lebt in einer 12-Zimmer-Villa am See, fährt einen Porsche-Cabrio als Zweitwagen, macht viermal im Jahr Urlaub – und spielt exceptionell gut Golf!

Kennengelernt habe ich Felicitas in einem Bunker. Kein Zufall, wie sich später herausstellen sollte. Ich brüte dort in der sengenden Sonne, weil irgendein Dummdödel mich einfach hat liegen lassen. Schön, ich hatte mich ein wenig eingegraben und war vielleicht nicht auf den ersten Blick zu sehen. Aber mit ein bißchen gutem Willen ...! Na ja, egal. Im Nachhinein kann ich diesem lieblosen Zeitgenossen ja nur dankbar sein.

Plötzlich und unerwartet macht es nämlich »Plopp« und ein sichtlich wohlgelaunter Kollege räkelt sich neben mir im Sand. Hoch erfreut über diese unverhoffte Gesellschaft, fange ich sogleich an zu plappern, erkundige mich, wie's denn so geht und bin mitten im Smalltalk – da sehe ich sie! Der Kollege nebenan fragt mich noch etwas, doch ich bekomme keinen Ton mehr heraus. Teufel noch eins! Was für Beine! Beine ohne Ende, perfekt durchmodelliert, im Farbton zwischen Nougat und Milchkaffee ... Man möge mir verzeihen, doch in dem Moment bedauerte ich es außerordentlich, dass unser Dresscode nicht dem im Tennis entspricht. Was wäre das für eine Aussicht gewesen im kurzen Faltenröckchen! Ich darf gar nicht daran denken.

Mit elegantem Schritt steigt sie in den Bunker und begutachtet ihren Ball. Dann entdeckt sie mich.

»Ja, wen haben wir denn da? Da hat dich wohl einer übersehen. Na schön, jetzt gehörst du mir.« Und schwupps war ich auch schon in der rechten Tasche ihrer Shorts verschwunden. Enge Shorts, sehr eng ...

Im inneren Zwiespalt zwischen Wohlgefühl (weil am Schenkel) und Enttäuschung (weil nicht im Spiel) versuche ich, der Situation das Beste abzugewinnen und lausche aufmerksam den Worten, die da zwischen meiner neuen Besitzerin und ihren – eindeutig männlichen – Mitspielern gewechselt werden. Mein lieber Scholli, die Jungs gehen ganz schön ran, und nach vier Löchern weiß ich über Feli bestens Bescheid: Unverheiratete Unternehmerin, bekennende Nudistin und leidenschaftliche Golferin mit Handicap 5. Im nächsten Sommer, so höre ich, will sie für vier Wochen zum FKK-Golf nach Südfrankreich.

O Mann, ich will raus hier! Der Dauerschenkeldruck ist ja ganz nett, aber ich will was sehen!!!

Wenn man sich etwas von ganzem Herzen wünscht, geht es auch in Erfüllung.

»Schade, jetzt ist er nass geworden«, höre ich plötzlich Felis engelsgleiche Stimme. Jetzt ist er naß geworden – das kann doch nur bedeuten, dass der vergnügte Kollege von vorhin abgesoffen ist. Und tatsächlich. Eine zärtliche Hand umfasst mich und holt mich aus der Dunkelheit der Hosentasche hervor.

»So, mein kleiner Findling, jetzt bist du dran. Wir beide werden das Ding gepflegt nach Hause schaukeln. Mach mir keine Schande, hörst du. E i n nasser Ball ist genug, nicht wahr?« Dabei gibt sie mir einen Kuß mit ihren vollen Lippen, legt mich aufs Tee und schickt mich mit einem lustvoll dynamischen Drive auf die Reise. Ich fühle mich paradiesisch. Der glücklichste Golfy, den es je gab.

Aber was ist das? Als ich zur Landung ansetze, merke ich, dass ich unweigerlich im Bunker ende. O nein, kaum im Spiel und schon wieder im Bunker.

Doch was bei den meisten Spielern sofort den Adrenalinpegel nach oben treibt, macht Feli überhaupt nichts aus. Im Gegenteil, sie liebt das Spiel aus dem Sand. Sie ist geradezu sandophil. Topfbunker umspielt sie gekonnt, das Zeug dazu hat sie ja. Aber Flachbunker liebt sie.

»Ich bin ein richtiger Sandfloh«, verkündet sie einem ihrer Mitspieler, dem ihre Bunker-Affinität auch nicht verborgen geblieben ist und sie darauf anspricht. »Sand ist geil«, sagt sie, »und es gibt nichts Schöneres als warmen Sand auf nackter Haut.« Der Mann schweigt, aber die Phantasie, die Feli mit dieser Bemerkung in seinem Kopf ausgelöst hat, kann ich mir vorstellen.

So richtig klar wird mir das, als ich dieses Prachtweib in der Umkleidekabine erlebe. Heiliges Kanonenrohr! Mit diesem Body muss man Vorsitzende des FKK-Clubs sein. Hoffentlich bleibe ich ihr erhalten, und sie nimmt mich mit nach Südfrankreich.

Eine weniger erfreuliche Situation muss ich bei der Gelegenheit allerdings auch noch erleben. Vier Damen des Clubs kommen in die Kabine und sehen Felicitas in ihrer ganzen Pracht da stehen. Das freundliche »Hallo« von Feli wird geflissentlich ignoriert und im Nu gefriert die Luft im Raum. Lächelnd nimmt mich Feli in die Hand und sagt laut und deutlich, so dass die vier Zicken es hören mussten: »Na, Sweetheart, hast du Lust? Dann lass uns duschen gehen.«

*Golfy meint: Der Liebling der Männer ist das Feindbild der Frauen. Das ist in jedem Club so. Aber dem Liebling der Götter kann keiner etwas anhaben. Nicht wahr, Felicitas?*

# BOB, DER SNOB

Ein Wahnsinn! Habe gerade Post von meinem Cousin Golfhard aus Amerika bekommen. Der schreibt, dass es allein bei ihm in Florida sage und schlage 450 000 Golfer gibt! Unglaublich! Mehr als bei uns in Old Germany.

Woran das liegen mag? Keine Ahnung. Aber Golfhard – er hat immerhin eine Academy absolviert – ist gut informiert: »Wenn die hier in Florida früher so etwas wie eine DDR gehabt hätten, würden heute auch nicht so viele Golf spielen« meint er. Der Golfhard ist wirklich ein kluger Kerl.

Ich weiß nur, dass es auch bei uns immer mehr Golfsüchtige gibt. Golf ist voll im Trend – Lifestyle heißt das heutzutage. Ich finde das prima: Mein Arbeitsplatz ist sicher und meine Zukunft auch, zumal es mir an guten Kontakten ja nicht mangelt ...

Wenn ich Golfhard recht verstanden habe, nehmen die in Amerika das Golfen mitunter sehr locker. Bei uns, das muss ich sagen, kommen die meisten Spieler ordentlich gekleidet auf den Golfplatz. So, wie es sich gehört. Manchmal tauchen aber auch Spinner auf, für die der Golfplatz ein einziger Jahrmarkt der Eitelkeit ist. Gegen ein bisschen Selbstdarstellung habe ich ja nichts. Aber wenn zu dick aufgetragen wird, finde ich es nur noch ätzend.

Einmal bin ich an einen solchen Burschen geraten. Er nannte sich Bob. In seinem Pass steht natürlich etwas anderes: Robert Alois Paul werden da als Vornamen aufgeführt, aber als ein an chronischer Anglomanie Leidender, entschied sich Robert eines Tages für den, wie er meinte, coolen Bob. Und da weiterhin der Name Kachelhuber in seinem Pass steht, was ein Engländer oder

Amerikaner nie und nimmer über die Lippen kriegt, stellte er sich immer vor als »Bob Kay«. Das hat sich aber kaum jemand gemerkt. Allgemein gebräuchlich ist stattdessen »Bob the Snob«.

Von Beruf ist Bob Erbe. Na gut, das ist ja zunächst noch nichts Verwerfliches, und so viel unverdiente Kohle unters Volk bringen zu müssen, kann ja auch zu einer echten Belastung werden. Womöglich führt eine solche Last sogar zu schweren Minderwertigkeitskomplexen. Keine Ahnung, ich bin schließlich kein Psychiater.

Wie dem auch sei, am nötigen Kleingeld hat es Bob nie gemangelt, dafür entschieden an dem, was man guten Geschmack nennt. Diesbezüglich ist er absolut minderbemittelt. Auf dem Golfplatz trägt er am liebsten knielange, in Edinburgh maßgeschneiderte Beinkleider. Deren großflächige Karos in gedecktem Blau und Grün stehen in schmerzhafter Disharmonie zu den kunterbunten Armani-Seidenshirts, die er im Verlaufe eines Spiels durchschnittlich dreimal wechselt. Um seine hohe Stirn vor schädlichen Sonnenstrahlen zu schützen, trägt Bob ein schwarzes Golfcap, auf dessen Front mit kleinen Brillies die Initialen B K in geschwungenen Lettern eingestickt sind. Sonderanfertigung, versteht sich.

Das Monogramm findet sich selbstverständlich auf allen möglichen Teilen seiner Ausrüstung wieder. Unübersehbar auf dem knallroten Bag aus vierfach gegerbtem Känguruleder mit Goldbeschlägen, aber auch auf dem aus gleichem Material maßgeschneiderten Handschuh und auf den Schlägerhauben aus weißem Nerz. Ja, ich muss sagen, wenn man Bob begegnet, braucht es seine Zeit, bis sich die Augen vom ersten Schock wieder beruhigt haben.

Rund ein Dutzend am oberen Rand des Bags gut sichtbar plazierte Clubanhänger lassen jeden passionierten Golfer vor Neid erblassen: Pebble Beach, Emirates in Dubai, St. Andrews, Rotorua Arikikiapakapa in Neuseeland, Augusta. Da will Bob überall schon gespielt haben? Dass ich nicht lache. Aber das glaubt ihm sowieso niemand. So wie der spielt. Möchte nicht wissen, wie viel er für diesen vermeintlichen Lorbeerkranz am Bag ausgegeben hat.

Kommen wir also zum Spiel – oder dem, was Bob dafür hält. Wenn ich nur daran denke, ziehen sich mir alle Dimples zusammen und ich bekomme rote Flecken. Deshalb will ich mich im Detail auch gar nicht weiter darüber auslassen. Wie er es geschafft hat, einen Clubausweis mit HCP 48 in Verbindung mit seinem Namen zu ergattern, wird mir ein ewiges Rätsel bleiben. Seinen Mitspielern auch. Aber die, die ihn kennen, drücken regelmäßig beide Augen zu, wenn auch nicht ganz uneigennützig.

Starke Charaktere, die es schaffen, ihm unterwegs nicht an die Gurgel zu gehen, die nicht in selbstmörderischer Absicht in den See springen und auch nicht schreiend nach der dritten Bahn vom Platz laufen, sondern die vielmehr tapfer das Tal der Tränen an Bobs Seite durchschreiten und ihm am Ende sogar noch die Hand geben – diese Unerschütterlichen werden großzügig belohnt.

»Hier, kannst du haben«, sagt Bob schon auf der Runde zu seinem Zähler, dessen nervöses Augenzucken mit jedem Loch bedrohlichere Ausmaße angenommen hat, und hält ihm sein Super-Hyten-Fairwayholz hin. »Härter als Titan, und der Sweet Spot ist genial, wirst sehen. Kriegst mindestens fünf Prozent mehr Speed im Treffermoment. Aber mir ist der Schaft einen

Zentimeter zu lang. Werde mal ein ernstes Wort mit meinem Clubmaker sprechen müssen.«

Die wertvollsten Stücke dieses Tages ergattert die Dame im Flight (*eine* weibliche Adresse für sein Imponiergehabe braucht Bob mindestens, um zu Höchstform auflaufen zu können). Ihr gibt er seinen nagelneuen, mattvergoldeten Top-Spin-Putter, nachdem er an der 18 wieder einmal fünf Versuche gebraucht hat, um mich einzulochen. »Für meine kräftige Männerhand ist der irgendwie nicht richtig ausbalanciert. Bei dir kommt der bestimmt richtig gut. Hab' mir gerade den innovativen Open-Core Putter mit New-Center-Shaft-Technology besorgt. Passt viel besser zu mir.«

Freudig erregt übernimmt die Dame das gute Stück und hebt gerade an, sich überschwänglich dafür bedanken zu wollen, als Bob ihr ins Wort fällt.

»Hier, den kannst du auch haben. Ich stelle mein Spiel jetzt ausschließlich auf Multilayer/Solid-Core-Bälle um. Three-Piece-Bälle bringen es nicht. Aber vielleicht willst du mit diesem Auslaufmodell ja noch 'ne Runde spielen.« – Und schon bin ich in weiblicher Hand.

Auslaufmodell! Auslaufmodell? – Das hätte er nicht sagen sollen, dieser Fatzke. Was glaubt er eigentlich, wer er ist? Ich bin zutiefst empört. Unglaublich, was man sich alles gefallen lassen muss. Aber dann spüre ich die Geborgenheit in der Tasche meiner neuen Besitzerin und beruhige mich allmählich. Im Grunde bin ich froh, diesen Oberprotz nicht mehr ertragen zu müssen. Womöglich hätte er mich noch vergolden lassen und ich wäre als schwangere Emily auf der Kühlerhaube seines Rolls geendet. Das hätte mir gerade noch gefehlt.

*Golfy meint: Soll sich ruhig jeder in Szene setzen, wenn er's braucht, meinetwegen auch mit ausgefallenem Outfit. Aber ein güldenes Eisen macht noch lange kein Birdie. Mir ist es viel lieber, einer zeigt, was er kann und nicht, was er hat.*

# LENA, DIE ZAUBERMAUS

Sie ist ja sooooo süß, die Lena. Und sooooo talentiert. Mit ihren 12 Jahren hat sie Handicap 9. Man glaubt es nicht. Sie ist der absolute Star im Club. Aber wer so gut spielt, hat eben auch viele Neider. Besonders die Damen haben so ihre Probleme mit meiner »Zaubermaus«, wie ich sie nennen darf. Sie sind sauer, weil ich ihr gern zu Füßen liege, weil ich auf sie höre und mich für sie besonders anstrenge. Und weil mich Lena mal, bevor sie mich aufs Tee legte, hochhielt und den anderen im Flight zurief: »Seht mal her. Das ist Golfy, mein absoluter Superschatz!« Manche glauben sogar, wir hätten was miteinander. So ein Quatsch, sie ist doch noch ein Kind.

Natürlich wird in einem Golf-Club auch gerne geflirtet, und da ist man schnell im Gerede. Gerade so einer wie ich, der zwar schon ein paar Kratzer und Dellen abgekriegt hat, der aber immer noch ganz passabel aussieht. Eine hat mal gesagt, ich wäre der Götz George unter den Golfbällen. Ich weiß nicht, ob das ein Kompliment ist.

Lena hat in den vergangenen zwei Jahren jedes Damen-Turnier gewonnen, und zwar mit einer sagenhaften Lockerheit und ohne jede Anstrengung. Ohne es zu wollen, provoziert sie mit ihrer Art die anderen Spielerinnen, die angesichts derartiger Perfektion von Schlag zu Schlag unkonzentrierter werden und zunehmend das Fairway zerhacken. Schuld ist dann natürlich immer Lena.

»Das hat sie ja mal wieder fein hingekriegt, unsere kleine Angeberin«, sagt eine vorwurfsvoll, deren Ball nach fünf Schlägen unauffindbar im Rough untergetaucht war (der Kollege hat mir das später gesteckt). Inzwischen hat mich Lena schon längst auf dem Grün platziert und wartet gelangweilt auf die anderen. Als es endlich zum nächsten Loch geht, höre ich, wie zwei über Lena herziehen:

»Das ist doch nicht normal, wie die spielt. Wie ein Roboter – ganz fürchterlich. Unverantwortlich von den Eltern, ihr Kind so zu dressieren. Was aus so einem Wunderkind werden kann, sieht man ja an Boris Becker. Vorbestraft ist er ...«

Die andere: »... und drei Kinder hat er, aber keine Frau!«

Unglaublich, was in so einem Flight alles für Stuss erzählt wird. Unglaublich auch, dass gerade Lena immer für ein gereiztes Klima sorgt. Ausgerechnet sie, die liebenswert, freundlich, höflich ist. Die eine Mitspielerin, bei der es nicht so gut läuft, sogar tröstet und auch mal großzügig über einen Zählfehler zu ihren Ungunsten hinwegsieht – sie eckt immer an und wird zur Buhfrau. Vielleicht liegt es ja doch an den anderen ...

Einmal hat mich Lena zu einem Einladungs-Turnier von BMW mitgenommen. Die Teilnahme hatte sie als beste Club-Spielerin der Saison gewonnen. Die drei anderen Damen im Flight kennen Lena nicht, und eine von ihnen mosert schon rum, als sie Lena sieht: »Na, ist ja heut wohl mehr ein Kindertag. Wenn ich gewusst hätte, dass das hier ein Jux-Turnier ist, wäre ich lieber zu Hause geblieben ...«

Dann nimmt sich diese arrogante Tussi ihren Ball, geht zum Tee und meint herablassend: »Ich gehe davon aus, dass ich mit Handicap 16 die Ehre habe ...«

Darauf Lena bescheiden: »Ich habe Handicap 9, aber fangen Sie ruhig an.«

Das war die Kampfansage. Ab jetzt herrscht Zoff im Flight, was Lena jedoch in keiner Weise berührt. In aller Ruhe zieht sie (mit meiner Unterstützung) ihr Spiel durch und gewinnt am Ende souverän. Einmal mehr bestätigte sich bei diesem Turnier das Phänomen: Extrem gute Spieler werden von durchschnittlichen Spielern vielleicht insgeheim bewundert, aber geliebt werden sie nicht.

Besonders Frauen neigen zu einem hohen Neid-Faktor. Vielleicht liegt es daran, dass sie in jeder besser spielenden Partnerin auch eine Konkurrentin im privaten Bereich sehen. Siegerinnen werden ja nach dem Turnier im Clubhaus von den Männern regelrecht umlagert. Das sehen die anderen Girls nicht so gerne ...

Sie merken schon: Golf ist viel mehr als nur ein Spiel. Es ist auch Überlebenstraining, und der Golfplatz ein Terrain für Liebe, Lust und Leidenschaft.

Lena wird noch eine ganze Menge durchzustehen haben. Aber spätestens, wenn sie mit 18 die German Open gewinnt und sich für die British Open qualifiziert, werden die Geifer-Girls aus dem Club im Chor singen: »Unsere Lena! Bei uns hat sie das Golfen gelernt. Wir waren dabei, als sie sich von Spiel zu Spiel steigerte ...« Der Heiligenschein der Scheinheiligen wird nicht zu übersehen sein!

Die Süße hat übrigens nur einmal einen Trainer gehabt. Da hatte sie einen Gutschein über zehn Stunden gewonnen. Leider: Von Tag zu Tag spielte sie schlechter. Nach fünf Tagen traf sie keinen Ball mehr und biss in den Schläger. Zurück fand sie zu ihrem Spiel erst, als das Intensiv-Training vorbei war und sie wieder ohne Anleitung und Schlag-Korrekturen auskommen durfte. Eigenartig, nicht wahr?

Als echter Lena-Fan fragt man sich natürlich, ob die Zaubermaus auch in der Schule mit Glanzleistungen brilliert. Nein, Lena ist als Schülerin nur Mittelmaß. Die Empfehlung fürs Gymnasium hat sie gerade verpasst. In Mathe spielt sie konsequent eine Vier ein. »Ausreichend heißt, dass es ausreicht«, sagt sie trotzig. In Geschichte muss sie in diesem Jahr sogar mit einer Fünf rechnen. Interessiert sie einfach nicht. »Cäsar, Augustus, Karl der Große – von denen hat doch nicht einer Golf gespielt, pah«, meint sie abschätzig.

Aber im Sportunterricht – da müsste sie ja eigentlich glänzen. In diesem Fach schmückt bestimmt eine Eins ihr Zeugnis. Ach, was. Gerade mal auf eine Drei bringt sie's. Lena: »An Ringen zu hängen und über sperrige Kästen zu springen – das ist doch kein Sport!« Seh' ich auch so. Möchte ich auch nicht machen. Ganz erstaunlich, was die Leute unter Sport verstehen. Die armen Schulkinder!

Meine Lena – da bin ich mir ganz sicher – braucht kein Abitur. Sie wird auch so ein Superstar. Vielleicht kann ich später, wenn ich selbst nicht mehr aktiv bin, mal als Coach für sie arbeiten. Oder nur Glücksbringer sein. Ich glaube, dass sich Lena rührend um mich kümmern würde. Das wäre eine bessere Lebens-Perspektive als die von meinen Golfball-Kumpels verstärkt ins Gespräch gebrachte Alters-WG im Schuppen nahe der Driving Range. Ach, Lena, du Süßherz!

*Golfy meint: Kümmert euch um die Kinder. Sie sind eure Zukunft. Nehmt sie ernst, dann werden sie euch ernst nehmen. Und denkt immer daran, dass ihr von Kindern lernen könnt. Mag daran liegen, dass sie noch unbefangen ehrlich sind und ein großes Herz haben. Kinder an die Macht!*

# KLAUS, DER VERZÄHLER

Das wirklich Schöne am Golfen ist ja, dass es keinen direkten Gegner gibt. Keinen, dem man, etwa wie beim Tennis, in Duellantenpose lauernd gegenübersteht und ihm nach Möglichkeit die Bälle wie Geschosse um die Ohren haut. Oder denken Sie nur an solche »Extremsportarten« wie Rugby oder American Football, wo es darum geht, ein ganzes Rudel von Gegnern kollektiv zu attackieren und durch möglichst rüden Körpereinsatz außer Gefecht zu setzen.

Nein – und deshalb bin ich ja auch so froh, als Golfball auf die Welt gekommen zu sein und nicht als Filzklops oder gar als unförmiges Lederei –, unser Sport ist so genial, dass man sogar ohne Gegner auskommt. Besser gesagt, ohne eine andere Person, gegen die man antritt, um zu gewinnen. Denn e i n e n Gegner hat jeder Spieler: sich selbst. Den zu besiegen, ist eine harte Nuss. Den falschen Schläger gewählt, unmöglich gestanden, sich idiotisch bewegt oder beim Lesen des Grüns völlig geschielt zu haben – diese und unzählige weitere Eingeständnisse persönlichen Versagens sind mental zu bewältigen. Das ist nicht leicht, und so manchen hat mangelnde Demut schon ins moralische Abseits, wenn nicht sogar in noch größeren Schlamassel gebracht.

Da fällt mir Klaus ein. Ein Mann wie aus dem Bilderbuch: jung, dynamisch, gut aussehend, unwiderstehlich, vom Erfolg verwöhnt. Was er anpackt, hat Hand und Fuß, perfektes Gelingen ist programmiert. Begriffe wie Versagen oder Niederlage hat er längst aus seinem persönlichen Wortschatz gestrichen. Seine Devise heißt: Machen und gewinnen, und wer ihm dabei in die

Quere kommt, hat schlechte Karten. Klaus ist der geborene Siegertyp.

Klar, dass einer wie Klaus auch Golf spielt. Das gehört dazu in besseren Kreisen, und außerdem bietet sich hier ein weites Feld, um mit seinen Leistungen zu glänzen. Weder Kosten noch Mühe hat er gescheut, um sich in der Rekordzeit von zwei Jahren zu einem Spieler mit respektablem Handicap 10 hochzupowern. Bei allem Talent, das man Klaus bestimmt nicht absprechen kann, ist das doch eine sehr beachtliche Golferkarriere, die beim unvoreingenommenen Betrachter Staunen hervorruft.

Diejenigen allerdings, die Klaus in Aktion auf der Runde erlebt haben, stehen diesem sensationellen Aufstieg eher skeptisch bis ablehnend gegenüber. Nicht umsonst hat sich Klaus aus dem Kreise jener Eingeweihten den Beinamen »Der Verzähler« eingefangen.

Zu Beginn seines Golfer-Daseins, als es ihm darum ging, möglichst schnell ein vorzeigbares Handicap zu haben, muss es ganz schlimm gewesen sein.

Damals hat er seine Hosen so präpariert, dass auf einer Seite die Naht der Innentasche aufgetrennt war. Konnte er einen verschlagenen Ball im Rough nicht finden, brachte er kurzerhand einen Ersatzball über die offene Tasche durch das Hosenbein ins Spiel. Als ich von dieser Hosen-Nummer erfahren habe, hat es mir glatt die Sprache verschlagen.

Einmal hat man ihn dann bei diesem Trick erwischt, und er wurde für das Turnier disqualifiziert. Seitdem trägt Klaus Hosen wie jeder andere. Aber was er sonst noch so auf Lager hat, reicht allemal.

*Klaus beim Abschlag:* Als Longhitter bekannt (darauf legt er natürlich besonderen Wert), gibt er mir mit seiner Big Bertha derart eine auf den Wams, dass ich denke, mir bleibt die Luft weg. Ich fliege und fliege und fliege – und lande im Aus. Der Slice war einfach zu heftig. Dazu noch ein bißchen Wind von links, und ich drehe ab. So ist das nun mal.

Den Vorschlag seiner Mitspieler, sicherheitshalber einen provisorischen Ball zu spielen, lehnt er ebenso entschieden ab wie deren Angebot, ihm bei der Suche nach mir behilflich zu sein. »Lasst nur, ich habe genau gesehen, wo der Ball gelandet ist. Kein Problem. Spielt ihr nur schon mal weiter.« In der Tat findet mich Klaus – ein gutes Auge hat er – beinahe mühelos gute zwei Meter jenseits der Aus-Linie.

Prüfender Blick in Richtung Fairway. Einer der Mitspieler schaut herüber. Jetzt nicht. Mogeln geht nicht. Klaus tut weiter so, als würde er mich suchen. Dann wieder der Kontrollblick. Keiner sieht her, d i e Gelegenheit. Drei Schritte von Klaus, ein unanständiger, aber effektiver Kick mit der Schuhspitze – und schon liege ich einen guten Meter diesseits der Aus-Linie. Klaus winkt hinüber: Alles klar, Ball gefunden, es kann weitergehen.

Weil das Par 4 ein echtes Dogleg ist, reicht ihm jetzt ein 9er Eisen, um mich von dem Moosteppich, auf den er mich mit seinem schnöden Tritt verfrachtet hatte, aufs Grün zu befördern. Am Ende spielt er dieses Loch Bogey! Seine Mitspieler sind voll der Bewunderung und ich bin stinksauer. So geht das doch nicht, oder!? Aber was soll ich machen? Langer Abschlag, erfolgreich getürkt und dann auch noch Glück – da bin ich machtlos.

*Klaus am Wasserloch:* Die Situation ist ziemlich kompliziert. Links Wasser, rechts Wasser, dazwischen eine schmale Landzunge. Absolut präzises Spiel ist gefragt oder, für einen Amateur die bessere Lösung: Mit einem kürzeren Schlag auf das Fairway vor den Wasserhindernissen, um dann mit dem nächsten ungefährdet aufs Grün zu kommen. Nicht so unser Klausi-Mausi.

Wieder gibt er mir die volle Kanne, und beinahe sieht es aus, als wolle er mit diesem Granatenschlag über das Wasserhindernis hinweg spielen. Aber dazu reicht's dann doch nicht ganz, und so plumpse ich zwischen Schilf und Seegras direkt auf die Uferkante. Dort kann ich mich nicht halten – will ich auch gar nicht – und lasse mich in den Matsch rollen. Ein paar aufgeschreckte Frösche quaken verärgert, doch ich bin vergnügt. Ich liege nicht im Wasser, man kann mich gut sehen und aufnehmen, aber ich bin, so wie ich liege, definitiv unspielbar. No way, keine Chance. Hier findet kein Rechtshänder einen sicheren Stand. Jetzt holt sich Klaus seinen Strafschlag ab.

Habe ich mir so gedacht – die Kaltschnäuzigkeit dieses Mannes (wieder einmal) vollkommen unterschätzend. In Windeseile war er bei mir, den Pitching Wedge schon in der linken Hand, entdeckt er mich und schaufelt mich kurz entschlossen aus dem Handgelenk mit dem Wedge aus meinem Modderbett einen halben Meter hoch auf die Uferkante. Unglaublich! Mit einer Chuzpe ohnegleichen hat er in Sekundenschnelle die Situation für sich bereinigt, und seine Mitspieler können wieder einmal nur staunen über so viel Dusel.

*Klaus und die Scorekarte:* Kabinettstückchen wie die zuvor geschilderten gelingen natürlich nicht immer. Nicht einmal einem Kaltschnäuzer wie Klaus. Manchmal gehen auch ihm Schläge so offensichtlich daneben, dass es nichts zu türken gibt und bei realistischer Zählweise die Scorekarte mit einer wenig erfreulichen Zahl oder gar einem unschönen Strich zu verunzieren wäre. In solchen Situationen zeigt Klaus sein wahres Wesen und wird zu einem regelrechten Sicherheitsrisiko. Nach einem Turnier soll er sogar – so jedenfalls habe ich es von einem Kollegen gehört – seinen Zähler, der am Ende vier Schläge mehr notiert hatte als er, zum Duell im Morgengrauen auf den Rieselfeldern gefordert haben.

Vier Schläge Unterschied! Und das bei einem Turnier! So etwas bringt nur Klaus fertig. Wie das dann erst bei Privatrunden aussieht, kann sich wohl jeder vorstellen. In jedem Falle sieht Klaus' Scorekarte immer sehr viel besser aus als die seines Zählers.

»Na, dann hätten wir ja mal wieder ein Par«, verkündet er, nachdem er mich bei einem Par 5 aus dem Loch gefischt hat.

»Wie kommst du auf Par?« fragt der Mitspieler erstaunt. »Du hast beim dritten Schlag im Bunker einmal über den Ball gesemmelt ...«

»Quatsch, das war ein Probeschwung.«

»... und selbst dann war dein Chip vom Vorgrün schon der fünfte Schlag.«

»Welcher Chip denn? Da musst du was verwechseln. Ich lag mit drei auf dem Grün und habe zwei Putts. That's it.«

So ähnlich gehen dann die Dialoge zwischen Klaus und seinen Mitspielern. Die sind sauer und ich schäme mich. Handicap 10 jedenfalls, so viel steht fest, hat Klaus nicht verdient. Nicht wenn es ums Spiel geht. In Sachen Türken und Verzählen hat er überhaupt kein Handicap. Da ist er Vollprofi.

*Golfy meint: Golf ist ein Gentlemen's Sport. Gentlemen schummeln nicht und können zählen. Ein Loch zu vergeigen, ist das Normalste von der Welt. Dieses zuzugeben, ist nicht eine Frage von gut oder schlecht, sondern eine Frage der Ehre. Das gilt übrigens auch für Damen ...*

# ARNOLD, DER KRAFTMEIER

Worauf ich ja überhaupt nicht stehe, sind diese Kraftprotze, die neuerdings über die Golfplätze herfallen. Aufgeblähte Proteinmonster, die vor Kraft kaum laufen können und deren letztes Bisschen Gehirnschmalz offenbar im Bizeps versickert ist. Ich weiß nicht, ob da in manchen dieser Muskeltrimm-Anstalten irgendwelche Gutscheine für Schnupperkurse verteilt werden – jedenfalls nehmen diese Mucki-Typen irgendwie überhand.

Wenn sich so einer in »Haut-den-Lukas-Pose« vor mir aufbaut, habe ich schon gar keine Lust mehr. Der harte Schlag ist mir dabei ziemlich schnuppe. Aber was diese Zombies mit einem anstellen, ist einfach nur zum Heulen.

Als die Hantel-Truppe ihre Platzerlaubnis hatte – Gott weiß, wie sie das geschafft haben, aber wahrscheinlich hat sich der Pro nicht getraut, nein zu sagen – und das erste Mal ohne Aufsicht auf die Runde ging, hatte ich natürlich das besondere Vergnügen, ausgerechnet Arnold in die Hände zu fallen. Nein, nein, der alpenländische Terminator war's nicht, aber der Kerl sieht aus wie Schwarzy, und die anderen nannten ihn auch Arnold. Ich vermute ja, dass er in Wirklichkeit Heribert Müllerchen oder so ähnlich heißt und Arnold nur eine Art »Künstlername« ist. Wie dem auch sei: Arnold und ich wurden ein Team – immerhin für drei Löcher.

Am ersten Abschlag haut er seine Keule Millimeter an mir vorbei. Der Schlag hat eine derartige Wucht, dass er in Ermangelung des erwarteten Widerstandes Herkules Arnold beinahe aus der Umlaufbahn geworfen hätte. Die Fliehkräfte des Drivers (wie kann man sich mit Handicap 54 erdreisten, einen Driver in die Hand zu nehmen?) sind so gewaltig, dass Arnie Mühe hat, sich nicht ins Gras zu setzen.

Ich spüre zwar den Luftzug, aber mit etwas gutem Willen hätte ich ohne weiteres auf dem Tee liegenbleiben können. Aber mir ist klar, mein Arnold würde diesen Barbarenhammer glatt als Probeschwung verkaufen, wenn ich da oben bleibe. Also lasse ich mich ganz langsam vom Tee herunterfallen und bleibe drei Zentimeter daneben liegen. O Mann, war der sauer! Nix mit Probeschwung. Ein Schlag war vertan, und es sollte nicht der letzte gewesen sein.

Für den 2. Versuch nimmt er das 3er Holz – auch noch reichlich frech für einen Anfänger. Diesmal berührt der Schlägerkopf beim Aufschwung (wenn man das so nennen kann) auch nicht mehr Arnies linkes Ohrläppchen. Er nimmt sich also bewußt zurück. Da er beim ersten Mal vorbeigedroschen hat, hält er es jetzt für eine gute Idee, das Tee so weit aus der Erde zu ziehen, dass es sich gerade noch aufrecht halten kann. Eine ziemlich wackelige Angelegenheit, doch das Tee bleibt stehen und ich bleibe oben. Das Ergebnis dieses Abschlags ist äußerst bescheiden: Ich fliege und fliege und fliege – hoch und immer höher. Dünne Luft und saukalt da oben. Ich meine sogar, ein paar kleine Schneeflöckchen zu spüren.

Na ja, irgendwann ist die Erdanziehungskraft einfach stärker, und so steil, wie mich Arnie in die Stratosphäre geschickt hat, so steil falle ich eben auch wieder herunter. Geradeaus hätte das schon ein beachtlicher Abschlag sein können, da aber die ganze Energie in der Luft verpufft ist, sind es keine 70 Meter.

Eigentlich hätte Arnie mir dankbar sein müssen, denn nur weil ich so kurz war, konnte der Slice, den er mir mit auf den Weg gegeben hatte, keinen größeren Schaden anrichten, und ich finde meinen Landeplatz wenigstens im Bereich des gut spielbaren Semi-Roughs vor dem Fairway. Von wegen Dankbarkeit! – Zetermordio war angesagt und, glauben Sie mir, schon in diesem Moment war mir klar, dass wir uns in absehbarer Zeit würden trennen müssen.

Mit etwas mehr Fingerspitzengefühl auf dem Grün hätte mein Mucki-Mann bei diesem ersten Par 4 womöglich doch noch scoren können. Aber wer den Putter beinahe ebenso rüde einsetzt wie den Driver, muss sich nicht wundern, wenn ich einen flotten Spaziergang über das gesamte Grün mache und mich in den nächsten Bunker zurückziehe. Kurz: Das erste Loch gibt einen Strich und Arnold der Starke ist stinkesauer.

Beim nächsten Loch, ein kurzes Par 3 von gerade mal 110 Meter, hat er sein 3er Holz schon wieder in der Hand und blickt beifallheischend in die Runde. Seine Kumpels – zwar auch auf Kraftsport getrimmt, aber doch nicht ganz so bescheuert – haben sich kopfschüttelnd abgewendet. Also besinnt Arnie sich eines Besseren und nimmt das 7er Eisen. Jetzt hat er Glück, dass er mich wieder in die Wolken jagt und ich – obwohl ich gerne etwas anderes getan hätte – tatsächlich auf dem Grün lande. Vier Putts später liege ich dann endlich im Loch und Arnie ist außer sich vor Freude. Er hat Punkte gemacht und ist von diesem Augenblick an zutiefst überzeugt, ein begnadeter Golfer zu sein.

Der frühe und von meiner Seite durch keinerlei Bedauern getrübte Abschied von Arnie, dem Holzhacker, kommt dann beim nächsten Loch. 540 Meter sind zu überwinden und Arnie ist wild entschlossen, seine Muckies einzusetzen und mich nach drei Schlägen auf dem Grün zu sehen. Um dieses hochgesteckte Ziel zu erreichen – so viel hat er inzwischen immerhin kapiert

–, durfte er mich nicht wieder in den Orbit schicken, sondern jetzt kam es wirklich darauf an, mit jedem Schlag Länge zu machen.

Breitbeinig wie ein Catcher steht er am Abschlag vor mir, lässt den Klöppel zweimal probeschwungmäßig über mich hinwegsausen und spricht mich an. Ich meine, er hat wirklich mit mir geredet: »Wehe, du fliegst jetzt nicht ordentlich, du verdammtes Mistding!«

Verdammtes Mistding!? Ich hab' mich wohl verhört! O nein, mein Lieber, das sagt keiner ungestraft zu Golfy, schon gar nicht Arnold der Barbar. Dir werd' ich's zeigen, verlass dich drauf. Ich leg dir ein Ei ins Nest, da tränen dir die Augen.

Arnies Fußstellung ist prädestiniert für einen gigantischen Hook. Er will dem Slice entgegenarbeiten und übertreibt natürlich, wie üblich. Als die Keule mich trifft, begebe ich mich auf eine wunderschön geschwungene Flugbahn nach links in Richtung Wald. Kurz vor der Landung hüpfe ich noch einige Male spielerisch von Ast zu Ast, um es mir dann in einer wunderbaren Wurzelkuhle unmittelbar neben dem Stamm einer prächtigen Buche so richtig gemütlich zu machen. Jetzt konnte Arnie sich die Karten legen. Mich hier herauszukriegen, wäre selbst für einen routinierten Golfer eine echte Herausforderung. Zwar gut zu sehen, aber eigentlich unspielbar liege ich da und strahle ihn an.

Der Anstand verbietet mir, die hässlichen Schimpfworte, die er jetzt über mich ergoss, zu wiederholen. In jedem Falle war es ziemlich heftig und weit unterhalb der Gürtellinie. Von Etikette hatte der Grobian ohnehin noch nie etwas gehört. In wütender Verzweiflung hackt er nun mit dem Wedge in die Kuhle, schrammt zweimal heftig in die Baumrinde, ehe ich mich schließlich zwei Meter nach vorne ins Rough bewegen lasse. Vier Schläge vergeigt, und Arnie tobt. Um jetzt überhaupt noch was zu retten, muss er das Dogleg nutzen und mich 140, 160 Meter diagonal übers Wasser spielen. Machbar ist das schon – aber eben nicht für Arnie. Kurz und gut: Er schnappt sich das 7er Holz, holt aus – und trifft. Aber natürlich hat er den Widerstand des hohen Grases unterschätzt. Er bringt mich nicht richtig hoch, und so zische ich flach wie ein Torpedo auf den Teich zu.

Als mir klar wird, dass ich unter normalen Umständen das rettende Ufer niemals würde erreichen können, gerate ich für einen Moment in Panik. Können Sie sich vorstellen, wie ätzend es für einen Golfball ist, im Schlamm und Moder auf dem Grund eines Teiches dahinzuvegetieren – womöglich niemals wieder an die Luft befördert zu werden? Das ist das Schlimmste, was einem passieren kann! In letzter Sekunde fällt mir der Kieselsteintrick ein. Dreimal tanze ich über die Wasseroberfläche, hole alles aus mir heraus und hüpfe mit letzter Kraft unter ein Schilfgrasbüschel an der Teichkante. O Mann, das war knapp!!

Wie erwartet, machte sich Arnie gar nicht mehr die Mühe, mich zu suchen, sondern dropte einen neuen Ball. Dass er jenen sogleich unwiederbringlich in der Mitte des Teiches versenkte, und auch dieses Loch streichen durfte, sei nur noch der Vollständigkeit halber erwähnt. Ich hatte meine Chance gewahrt, von einem aufmerksamen Spieler gefunden zu werden und war froh, Arnold mit heiler Haut entkommen zu sein.

*Golfy meint: Jungs, lasst eure Muckies zu Hause. Golf hat etwas mit Körperschwung und Technik zu tun, nichts mit Kraftmeierei. Und ihr Golfclubs: Bitte, bitte verteilt keine Gutscheine für Schnupperkurse mehr in Fitnessstudios!*

Rettet
die Gras-
halme

# IRIS, DIE ÖKO-FEE

Nichtgolfer denken ja immer, die Leute gehen in erster Linie auf den Golfplatz, um Golf zu spielen. Diese Annahme ist einigermaßen naiv, das kann ich Ihnen sagen. Da gibt es im Gegenteil nicht wenige, für die Golf eher Mittel zum Zweck ist. Ein willkommener Anlass, um ein bisschen Geschäfte zu machen – ganz informell, versteht sich, um die schicken Golfer-Klamotten auszuführen, um mit der Freundin ungestört über Männe und seine Macken reden zu können, um vor sich selbst (und vor dem Arzt) eine gute Ausrede zu haben, weil das mit der Gewichtsabnahme nicht so klappt: »Ich gehe jede Woche mindestens einmal meine 18 Löcher …«

Natürlich werden so ganz nebenbei auch ein wenig die Schläger geschwungen und man gibt sich schon bemüht, dann und wann ein ordentliches Loch zu spielen, aber ich muss sagen, bei solchen »Sportsfreunden« komme ich mir mitunter regelrecht fehl am Platze vor. Wenn man sich nur halbherzig mit mir beschäftigt, wenn dieser ganze andere Schnickschnack wichtiger sein soll als ich!? Also ehrlich, das finde ich ganz und gar nicht witzig.

Iris ist auch so eine. Sie hat ihr in allen Belangen ökologisch wertvolles Leben dem Schutz der Umwelt geweiht und sieht in einem Golfplatz nichts weniger als ein ideales Betätigungsfeld, um schnöden Öko-Muffeln, nachlässigen Greenkeepern und rücksichtslosen Naturquälern das schändliche Handwerk zu legen.

Schlicht und unauffällig im Wesen wie in der Kleidung (stets khaki und tannengrün) schwebt Iris über den Platz, sorgsam darauf bedacht, nur keinem Pflänzchen zu nahe zu kommen und, um Himmels Willen, mit ihrem Schläger keinen Grashalm zu knicken.

Am liebsten würde sie ja selbst gar nicht spielen, sondern nur mitlaufen, die ihr missliebigen Auffälligkeiten sorgsam notieren, ertappte Sünder sofort zur Rede stellen und da und dort nötigenfalls schon kleinere Reparaturen ausführen. Das würde man aber wohl nicht so gerne sehen, und sie müsste damit rechnen, als »nicht zum Spiel gehörend« vom Platz entfernt zu werden. Als Spielerin mit Clubausweis und Handicap – nicht überwältigend, aber immerhin – kann man sie jedoch schwerlich davon abhalten, auf die Runde zu gehen.

Eisen sind ihr ein Gräuel, und wenn irgend möglich vermeidet sie deren Einsatz. Lediglich im Bunker greift sie, wie alle anderen, zum Sand Wedge, denn Sand kennt keinen Schmerz. Das akzeptiert selbst Iris. Aber sonst, selbst in den unmöglichsten Situationen, setzt sie das Holz ein, weil Hölzer keine tiefen Wunden reißen, höchstens kleine Schrammen. Und sie würde es als Verrat an ihrer »Mission Golf« empfinden, würde sie nicht gleich zu Beginn jedem Mitspieler gegenüber ihre Philosophie mit Nachdruck zum Besten geben: »Lassen Sie doch diese hässlich Eisen stecken. Eisen sind gefährlich. Nehmen Sie das Holz, der Umwelt zuliebe.«

Na ja, man kann sich vorstellen, dass eine solche Ansage nicht bei jedem auf fruchtbaren Boden fällt. Meist obsiegt die Höflichkeit und der an die Stirn tippende Zeigefinger oder eindeutige Bemerkungen den augenblicklichen Geisteszustand betreffend werden vermieden. Ohne ungläubiges Kopfschütteln geht es jedoch nur selten ab. Aber das kennt Iris schon, das ficht sie nicht an.

Doch wehe, einer dieser Unbelehrbaren haut trotz ihres ernst gemeinten Rates mit seinem Eisen ein Divot aus dem Fairway. Dann wird unsere sanfte Öko-Fee leicht zur bissigen Öko-Furie. »Muss das sein? Können Sie nicht aufpassen? Nun sehen Sie sich an, was Sie diesem wunderbaren Rasen angetan haben. Unmöglich ist das, unmöglich!« Und schon eilt sie zu dem so rabiat aus dem Boden geschaufelten Rasenstück, trägt es behutsam an die Unglücksstelle zurück und setzt es, besänftigende Worte murmelnd, passgenau wieder ein.

Die Einlassung des Verursachers, er hätte das Divot selbstverständlich auch eigenhändig wieder zurückgelegt, wird von Iris bestenfalls als billige Ausrede gewertet. »Ach Sie, Sie ..., erst alles kaputtmachen und dann das Unschuldslamm spielen. Das habe ich gerne!« Die Chancen zur Rehabilitation stehen für den Spieler grundsätzlich sehr schlecht – es sei denn, er greift häufiger zum Holz und vermeidet Divots. Um des lieben Öko-Friedens willen hat schon mancher Spieler in Iris' Flight seine gewohnte Spielweise drastisch geändert – nicht unbedingt zum Besten seines Scores.

Ganz dramatisch wird es, wenn ein Ball im Rough landet. Mir selbst ist das mit Iris mal passiert, und ich muss sagen, dieses Erlebnis hat nicht unbedingt zur Festigung unserer Freundschaft beigetragen. Bei ihrer disziplinierten Spielweise – mehr als einen halben Schwung gönnt sie sich (und unsereins) nie – passiert es sehr selten, dass sie einmal das Fairway verfehlt.

Offensichtlich noch im emotionalen Ausnahmezustand ob eines Ökofrevels, dessen Augenzeugin sie soeben werden musste, bedient sie ihr 7er Holz mit verkrampfter Unentschlossenheit und befördert mich schnurstracks in die Pampa. Ein durchaus übersichtliches Rough, kann ich nur sagen. Ein paar Büsche, gelbe Wiesenblumen und Hochgräser, dazwischen großzügige Inseln mit blühendem Klee. Und auf einer solchen habe ich es mir bequem gemacht, gut zu sehen und bestens spielbar. Komfortabler geht es ja wohl nicht.

Jeder andere Spieler hätte gejubelt – nicht so Iris. Die Vorstellung, mit ihrem nächsten Schlag notgedrungen auch ein paar Kleeblätter abzureißen, ließ ihr das Herz bluten. Ein Akt unvorstellbarer Grausamkeit, für den sie sich niemals hergeben würde.

»Verdammter Ball«, zischelt sie mir unfreundlich entgegen und streicht sich nervös eine Haarsträhne aus dem erhitzten Gesicht. Natürlich gilt ihr Unmut ihrem eigenen Versagen und jenem Mitspieler, der sie zuvor so aus der Fassung gebracht hat, dass ein solcher Fehlschlag überhaupt möglich werden konnten – aber beschimpft werde wieder einmal ich.

Doch damit nicht genug. Mit ausgestrecktem Zeigefinger auf mich deutend, erklärt sie »diesen Ball« – mit welcher Verachtung sie das herauspresste: »diesen Ball« – für unspielbar. Keiner der Mitspieler macht auch nur den geringsten Versuch, mir beizustehen. Schon nach fünf Löchern haben sie vor der Öko-Fee kapituliert, diese Feiglinge. Iris geht zurück, spielt einen neuen Ball, kassiert ihren Strafschlag, und ich verschwinde im Bag. Für den Rest der Runde sehe ich keine Sonne mehr.

Eine weitere Spezialität, für die Iris bekannt und gefürchtet ist, sind ihre Mängellisten für Greenkeeper. Scores sind ihr nicht so wichtig, darum können sich die anderen kümmern. Ihre Aufmerksamkeit gilt schlecht geharkten Beeten, niedergetretenem Schilf, unzulänglicher Bewässerung, mangelndem Schutz für Junganpflanzungen etc. Selbst auf der gepflegtesten und bestens gewarteten Anlage entdeckt Iris reihenweise unhaltbare Zustände und präsentiert nach 18 Löchern ein beträchtliches Sündenregister – stets versehen mit der ultimativen Forderung, sämtlichen Greenkeepern wegen mutwilliger Schlamperei und erwiesener Unfähigkeit fristlos zu kündigen.

So kämpft sich Iris die ganze Saison hindurch von einem ökologischen Jammertal zum anderen. Wo andere sich bei einem schönen Spiel entspannen und dabei einfach die Schönheit der Natur genießen, wittert sie Bedrohung und Ungemach. Unbeirrbar und voller Hingabe trägt sie das grüne Banner der Öko-Fee von Golfplatz zu Golfplatz, Woche für Woche, Monat für Monat, Jahr für Jahr!

*Golfy meint: Rücksichtnahme und sorgsamer Umgang mit der Natur sollte für jeden Golfspieler selbstverständlich sein, und wer das nicht beherzigt, gehört nicht auf den Platz. Aber man kann auch übertreiben. Wie paradiesisch wäre unsere Umwelt, wenn ihr kein schlimmerer Schaden zugefügt würde als auf Golfplätzen.*

# BORIS, DER STREBER

Auf der Driving Range habe ich ja Gott sei Dank nichts verloren, und so beginnt für mich die Arbeit tatsächlich erst beim 1. Tee. Ich meine, 18 Löcher sind – vorausgesetzt, man wird nicht »auf Nimmerwiedersehen« in die Pampa gedroschen oder in irgendeinem Ententeich versenkt – wahrlich genug. Für manch einen Golfspieler, dessen Konditionstraining überwiegend im einarmigen Reißen besteht, wäre es nicht schlecht, wenn er sich auch auf die Runde konzentrierte und sich nicht schon beim Einschlagen völlig verausgaben würde.

Boris, Oberstudienrat mit Handicap 36, ist eigentlich ein netter Kerl, aber er hat ein echtes Problem: Ehrgeiz! Nicht dieses gesunde Bemühen, eine möglichst gute Figur zu machen und einen ordentlichen Score einzufahren – nein, ich meine diesen verbissenen, aufreibenden, bis zur Selbstaufgabe führenden Ehrgeiz. Ein echtes Problem, mit dem viele Spieler zu kämpfen haben.

Geschlagene zwei Stunden hat sich Boris auf der Driving Range aufgearbeitet und nicht weniger als 300 Bälle auf die mehr oder weniger lange Reise nach Nirgendwo geschickt. Bei 25 Grad im Schatten (und dort, wo Boris kämpfte, war kein Schatten) ist das reichlich anstrengend. Sämtliche Schläger in seinem Bag – mit Ausnahme von Sand Wedge und Putter – setzte er ein, denn er wollte fit sein, sich mit all seinen Hölzern und Eisen im Einklang befinden und es dieses Mal den Jungs in seinem Flight so richtig zeigen.

Dann ist es soweit: Tee-off an Loch 1. Schon seine Probeschwünge am Rande des Abschlags, die er ausgiebig zum Besten gibt, nachdem die drei Mitspieler ihre Bälle bereits anständig auf dem Fairway platziert haben, lassen nichts Gutes ahnen. Aufgeteet (viel zu tief für einen wenig routinierten Spieler wie ihn) liege ich da und muss hilflos zusehen, wie er den letzten Rest von Schwung an das teilnahmslose Gras verschwendet.

Jetzt, endlich, bezieht er Position und spricht mich an. Du lieber Himmel, was für eine Ansprache! Aus einem völlig überhitzten, rot glühenden Gesicht treffen mich ausgezehrte Blicke und ein Schwall von Schweißtropfen. Für das 3er Holz, mit dem er sich vorgenommen hat, mich in Richtung Grün zu befördern – ich hätte ihm von vornherein zum Eisen 5 geraten –, steht er viel zu nahe bei mir. Es konnte nicht gut gehen. Aber dass es gleich derart in die Hose gehen würde, habe ich, ehrlich gesagt, auch nicht vorhergesehen. Ein hektischer Rückschwung kombiniert mit ruckartigem Hochziehen der rechten Schulter bei einknickendem linken Knie ... Was kann dabei herauskommen?

Jedenfalls kein Abschlag, der einen Golfball auf eine Flugbahn bringt, auf der er ein wenig frische Luft schnuppern und sich seines Lebens freuen kann. Nein, da gibt es nichts schönzureden: Es war ein Witz.

Kraft- und saftlos, zerhackt und meilenweit entfernt von allem, was man Schwung hätte nennen können, kommt das Keulchen auf mich zu. Und als hätte diese hüftlahme Verrenkung nicht schon gereicht, da muss der gute Boris, der mich doch so gerne ganz weit fliegen sehen wollte, auch noch in letzter Sekunde seinen gescheiten Oberlehrerkopf hochnehmen. Damit bleibt dem 3er Holz gar nichts anderes übrig, als mich gerade noch am Scheitel zu erwischen und irgendwie ungelenk vom Tee zu holen. Ich tue mein Bestes und fliege noch ein bisschen ..., 20 Meter ..., vielleicht – mehr ist nicht drin.

Was soll ich sagen: Gleich beim ersten Abschlag legt Boris eine veritable Lady hin. Mein Gott, war das peinlich! Ich hätte ihm ja gerne den Gefallen getan, noch etwas weiter zu rollen, doch das Gras war zu hoch, und zu mehr Länge hat das lächerliche Antippen meines Scheitels einfach nicht gereicht. Einen Meter vor der Linie des Damenabschlags ist die Luft raus und ich bleibe liegen. Eine Lady am ersten Tee – der Horror schlechthin. Meinen Sie, mir macht das Spaß?! Ganz zu schweigen von den Beschimpfungen, die ich mir von dem frustrierten Herrn gefallen lassen muss, als er versucht, mich mit dem Pitching Wedge wieder aus dem Semi-Rough hinauszubefördern. Hätte nur noch gefehlt, dass er jetzt für sich auch noch einen Mulligan reklamiert, um diesen Gurken-Abschlag ungeschehen zu machen. Das lässt er zum Glück aber sein.

Wenn ein Spiel so anfängt, kommt zur körperlichen Belastung natürlich ganz schnell jede Menge mentaler Stress hinzu. Für einen wie Boris, der ja immer alles perfekt machen will, eine schwere Hypothek. Als Purist verzichtet unsere »Sportskanone« selbstverständlich auf einen Trolley. Ausgepowert wie er ist, hechelt er dann mit seinem vollgestopften Bag (14 Schläger müssen immer dabei sein, man kann ja nie wissen) den anderen hinterher, und beim kleinsten Hügelchen geht ihm dann die Puste aus.

Um sich mit den schon ungeduldig wartenden Mitspielern nicht weiter anzulegen, lässt er sein Bag mit einem Seufzer der Erleichterung auf das Vorgrün plumpsen, holt mit zittrigen Händen den Putter hervor und will sich ans Einlochen machen. Sorgfältiges Lesen des Grüns hätte ihm nicht nur geholfen, eine einigermaßen brauchbare Spiellinie zu finden, sondern ihm auch ein wenig Luft verschafft. Aber der gute Boris muss ja Zeit aufholen, und so verzichtet er auf diese wichtige Vorbereitung. Keuchend steht er über mich gebeugt, und seine schlotternden Knie machen mich regelrecht schwindelig. Wie soll man sich da konzentrieren?

Es kommt, wie's kommen musste. Ohne jedes Gefühl klatscht Boris mir den Putter in die Seite und erwischt mich auch noch viel zu weit vorne. Die sanfte Delle im Grün, die Boris geflissentlich ignoriert hat, tut ein Übriges und ich sause einen guten Meter links am Loch vorbei. Nur dem hohen Gras des gegenüberliegenden Vorgrüns ist es zu verdanken, dass mir wenigstens der Bunker erspart bleibt. Wenn so mit dir umgegangen wird, hast du als Golfball doch überhaupt keine Chance. Da kann dir alles vergehen.

Nach neun Löchern ist unser »Konditionswunder« schlapp, und er würde sich und allen anderen einen großen Gefallen tun, wenn er es damit bewenden ließe. Aber Boris quält sich mannhaft weiter. Verbissen holt er das Letzte aus sich heraus, und ich bin schon froh, wenn ich wenigstens ab und zu mal hundert Meter am Stück fliegen darf.

Irgendwann hat dann auch dieses Gestöpsele ein Ende. Boris ist fix und alle, seine Mitspieler sind dankbar und ich bin es auch. Mit Pudding in den Knien stakst er zum Clubhaus und lässt sich erschöpft in den erstbesten Stuhl auf der Terrasse fallen. Die Bedienung hat ihn schon von weitem kommen sehen und vorsorglich schon mal ein kühles Weizenbier eingeschenkt.

*Golfy meint: Die Driving Range ist zum Aufwärmen da oder um einen ganz bestimmten Schlag zu üben, aber doch nicht, um sich vor dem Spiel völlig auszupowern. Eigentlich sollten das doch auch Oberstudienräte wissen – oder?!*

# ELKE, DAS PARADIESVÖGELCHEN

Also, es ist schon ein Unterschied, ob man von so einer kräftigen Männerhand herumbugsiert wird oder schlanke, zarte Frauenfinger einen liebevoll umfassen und mit einer zärtlichen Berührung auf dem Tee platzieren.

Elke zum Beispiel. Elke hat Hände, dass einem der Atem stockt. Hände, gedrechselt aus Elfenbein ... Ein Gedicht! Ein Wunder der Natur. Hände zum Verlieben. Ich konnte gar nicht genug davon bekommen. Allein die beängstigend weit über die Fingerkuppen hinausragenden, leuchtend rot gefärbten Fingernägel haben etwas Bedrohliches. Wie Raubvogelkrallen legen sich diese zugespitzten Hornfortsätze um alles, was Elke in die Hand nimmt. Ich meine, mich kratzt das ja nicht, ich habe, wie Sie wissen, ein ziemlich dickes Fell.

Ein Handschuh dagegen kann an dieser Frauenhand nicht glücklich werden. Zwei, maximal drei Runden und das zerstörerische Werk der messerscharfen Krallen wird sichtbar. Als erstes bohrt sich der Zeigefinger durch die Naht, dann der Daumen, und wenn schließlich auch der Mittelfinger die rote Warnlampe zeigt, hat der Handschuh ausgedient. Gravierender als der beträchtliche Handschuh-Verschleiß erscheint mir allerdings der Umstand, dass mit diesen Waffen ein wirklich fester Griff um den Schlägerschaft schlechterdings nicht möglich ist, ohne sich permanent der Gefahr der Selbstverstümmelung auszusetzen.

Die Unmöglichkeit, den Schläger ordentlich festzuhalten, hat – wie man sich unschwer vorstellen kann – nachhaltige Auswirkungen auf Elkes Spiel. Bei den kurzen Löchern geht's ja noch, da kann das eine oder andere Pünktchen gutgeschrieben werden. Bei den längeren Par-4- und erst recht bei den Par-5-Bahnen wird es fatal. Da mögen die schönen, roten Fingernägel noch so apart aus dem schwarzen Leder des Handschuhs hervorstechen – mit dem Griffchen ist einfach keine Länge zu machen.

Einerseits tut es mir schon Leid, wenn Elke regelmäßig auf halber Länge des Fairways ihr Kontingent an Schlägen aufgebraucht hat und dann tief enttäuscht, aber fair verkündet: »Ich nehme den Ball auf.« Andererseits komme ich dadurch aber auch in den Genuss, von diesen wunderschönen Händen ganz oft berührt zu werden. Dass mich das erfreut, ist doch klar: Honi soi qui mal y pense.

Während die anderen dann die Bahn zu Ende spielen, nutzt Elke die Zeit, um sich das Näschen zu pudern oder ihre Kirschenlippen mit dem Fettstift nachzuziehen. Auf ihr Aussehen lässt sie nichts kommen, da ist sie eigen, und ohne die für die Restaurierungsarbeiten notwendigen Utensilien im Bag würde sie niemals auf die Runde gehen. Elke sieht immer aus wie aus dem Ei gepellt. Selbst wenn sie nach 18 Löchern im Clubhaus einschwebt, wirkt sie frisch wie eine eben erblühte Rose.

Dafür steht noch ein anderes Phänomen. Wer mehr Ehrgeiz auf perfektes Aussehen denn auf perfektes Spiel verwendet, gerät auch nicht so schnell ins Schwitzen. Das ist normal. Aber soweit ich es beurteilen kann, ist es ziemlich schwierig, seinen Schweißdrüsen zu befehlen, ihre Produktion gänzlich einzustellen. Elke kann das.

Während sich bei den Herren die ersten Schweißperlen auf der Stirn bilden, wenn sie Elke nur sehen, hat sie das lästige Thema Transpiration souverän im Griff. Unvorstellbar, dass auch nur ein Schimmer von Feuchtigkeit ihr Make-up derangieren könnte. Würde gar ein hässlicher dunkler Fleck ihr Shirt verunzieren, müsste Elke sich umziehen – ich bin sicher, dass sie »just in case« Ersatz dabei hat – oder unter irgendeinem Vorwand das Spiel abbrechen. Aber das wird nicht passieren, never ever. Elke ist durch und durch Lady, und eine Lady transpiriert nicht ...

Wie es sich für eine Dame von Welt gehört, verliert Elke in keiner Situation die Contenance. Nie hat sie mich – im Gegensatz zu manch anderen Flegeln – mit billigen Schuldzuweisungen überschüttet. Ein flehendes »Nein, bitte nicht!« oder auch mal ein verzweifeltes »Warum fliegst du nicht?« – das ja, aber weiter gehende Gefühlsausbrüche gibt es bei ihr nicht. Nicht einmal, wenn ich nach drei Abschlags-Versuchen immer noch keine 100 Meter weit gekommen bin und sie das Loch wieder frühzeitig streichen muss. »Sei nicht traurig, Süßer, beim nächsten Mal machen wir's besser« tröstet sie mich noch, während ich mich wieder in ihre Hand kuscheln darf. O Mann, mit Elke war's wirklich schön.

Ihre gesamte Erscheinung und nicht zuletzt ihr sehr modisches, geschmackvolles Outfit sind für einen unschuldigen Golfball wie mich eine echte Augenweide. Vor allem, wenn es sehr heiß ist, gestattet Elke – selbstverständlich ohne jemals die Grenzen des guten Geschmacks zu überschreiten – doch gewisse Ein- und Ausblicke auf ihre weiblichen Reize. Kein Wunder, dass sie in Männerflights als einzige Frau im Bunde so gern gesehen ist. An ihrer Spielstärke, das darf ich wohl sagen, liegt es definitiv nicht.

Gute Spielerinnen gibt es ja genug und in deren Gesellschaft läuft man außerdem auch noch Gefahr, schlecht auszusehen. In Flights mit Elke kann das nicht passieren – nicht was das Spiel betrifft. Aufgrund der diversen Ablenkungen, denen die Männer durch Elkes Präsenz nun einmal ausgesetzt sind, spielen zwar alle immer weit unter Handicap – aber das macht nichts: Schlechter als Elke spielt keiner. Man(n) kann ja immerhin den Schläger festhalten, ohne Gefahr zu laufen, sich an den eigenen Krallen zu verletzen.

*Golfy meint: So ein Paradiesvögelchen auf der Runde kann zwischendurch doch eine recht entspannende Abwechslung sein – mit oder ohne rote Krallen.*

# FRIEDEMANN, DER PHILOSOPH

Nie hätte ich gedacht, dass ich mal an einen richtigen Philosophen geraten würde. Das sollen ja sehr gebildete, aber merkwürdige Menschen sein. So sind wir Golfbälle nun mal: Auch wir haben unsere Vorurteile, was möglicherweise auch mit der Erziehung zusammenhängt.

Wenn ich auf meine Ahnentafel schaue, war da nie ein großer Denker. Immerhin gab es Urgroßvater Golfonsius, den sie nur den »Verschlagenen« nannten. Der soll sogar die mittlere Reife gehabt haben, wie man früher die Platzerlaubnis nannte.

Friedemann also. Er wurde 40, und da haben sich die Club-Fuzzys mich ausgeguckt, ihn auf seinem Geburtstags-Flight zu begleiten. Ich war äußerst skeptisch, zumal ich gehört hatte, dass Friedemann überhaupt keinen Bock mehr auf Golf haben soll. Richtig überreden mussten sie ihn. Und für so einen soll ich mich hergeben? Kann denn dieser Philosophen-Heini überhaupt wertschätzen, was es bedeutet, dass ich sein Geschenk bin ...?

Donniwetti! Dann war ich aber doch ganz schön überrascht. Dieser Friedemann hat nicht nur mich, sondern auch die drei anderen im Flight beeindruckt. Ich kann es vorwegnehmen: Es sollte die ausgeglichenste und unterhaltsamste Runde meines Lebens werden. Alle waren ungewöhnlich milde gestimmt. In ihren Gesichtern zeigte sich eine eigenwillige, sanfte Entschlossenheit.

Mit seinen wunderschönen Kommentaren und Zitaten bringt Friedemann Poesie ins Spiel und verzaubert seine Partner. Und mich auch. Wenn ich nur an diesen Wahnsinns-Lob denke, mit dem er mich an der 3 auf dem Grün platzierte und dann sagte:

»Es war, als hätt' der Himmel die Erde still geküsst ...« – So was hab' ich ja noch nie gehört.

Schon vor dem Spiel macht Friedemann alles anders als die andern. Er geht gar nicht erst auf die Driving-Range, sondern setzt sich an den Rand des 1. Abschlags – und meditiert! Da entdecken ihn denn seine schon unruhigen Freunde und mahnen zum Start. Und als hätte er nur auf diesen Augenblick gewartet, sagt er zu seinen (noch) zappeligen Mitspielern: »Der Worte sind genug gewechselt, lasst mich auch endlich Taten sehn ...«

Da ahne ich schon, was es bedeutet, einem Philosophen zu dienen, und mit jedem Loch wird diese Ahnung mehr zur Gewissheit. Auf seine Mitspieler wirkt Friedemanns Nähe beruhigend, entspannend und motivierend. Bei mir ist dieses Wohlgefühl noch eine Dimension stärker, von existenzieller Qualität sozusagen. Ich fühle mich sicher! Ein emotionaler Zustand, den unsereins üblicherweise nicht kennt.

Vor allem, wenn man weiß, dass auf den Golfplätzen dieser Welt Jahr für Jahr Milliarden (!) von Golfbällen verloren gehen. Der absolute Horror! Jetzt können Sie sich vorstellen, wie uns zumute ist: Die Angst fliegt immer mit.

Nicht so bei Friedemann. Getreu seinem Wahlspruch »Gott schuf die Zeit, von Eile hat er nichts gesagt« sind unüberlegte, hektische Schläge von ihm nicht zu erwarten. Selbst in schwierigen Situationen, die natürlich auch bei einem so bedachten und in sich ruhenden Spieler nicht ausbleiben, verliert Friedemann weder Geduld noch Humor.

Nehmen wir beispielsweise jene 9. Bahn, ein endloses Par 5, bei dem die ersten 150 Meter durch einen extrem schmalen Korridor zwischen hohen Kiefern hindurch führen, um sich dann in ein weitläufiges Fairway ohne jeden schützenden Baumbestand zu öffnen. Eine Herausforderung, die sogar bei sehr guten Spielern zu erhöhtem Pulsschlag, bei Handicaps über 25 regelmäßig zu Anflügen von Resignation oder selbsterfüllender Prophezeiung à la »Das schaffe ich nie!« führt (was dann ja meistens auch stimmt).

Friedemanns Herangehensweise ist auch hier getragen von unerschütterlicher mentaler Stärke und der tiefen Überzeugung: »Alles wird gut, du musst es nur wollen.« Behutsam legt er mich aufs Tee, peilt noch einmal genau die Lage und macht ein paar kraftvolle Probeschwünge am Rande des Abschlags. »Okay, Partner«, sagt er dann in aller Freundschaft zu mir, »it's now or never. Sei bereit. Ich schlage, also bin ich.« Damit gibt er mir mit seinem Driver eins aufs Popöchen, dass mir Hören und Sehen vergeht. Der Mann hat's tatsächlich nicht nur im Kopf, sondern auch in den Armen.

Wie an der Schnur gezogen, schieße ich nach vorn. Was für ein Drive, denke ich noch, als ich merke, ich gewinne mehr Höhe, als mir lieb ist. Da habe ich auch schon das Ende des Korridors erreicht, werde von einer hinterlistigen Windbö erwischt und mit einem heftigen Ruck aus meiner Flugbahn gerissen. Mit aller Kraft und um Friedemanns willen stemme ich mich dagegen ... Keine Chance. Diese hoffnungsvoll begonnene Reise endet unweigerlich im Rough. Bitte finde mich! Bitte, bitte finde mich, wünsche ich mir flehentlich, nahezu unsichtbar unter einem Laubhaufen versteckt.

Nichts Schlimmeres für einen Golfball als die dahinschwindende Zeit in unwirtlichem Terrain – und keiner kommt. Doch dann, endlich, höre ich Friedemanns wohltönende Stimme vergnüglich rezitierend: »Was zagest du, Herz, an solchen Tagen, wo selbst die Rosen Dornen tragen.« Als Nichtstudierter hab' ich zwar nicht ganz verstanden, was er meint, aber allein ihn in meiner Nähe zu wissen, tut mir unheimlich gut. Jetzt habe ich auch keinen Bammel mehr, unter diesem ekligen Laubhaufen verrotten zu müssen.

Sekunden später hat er die lästigen Blätter von meinem Haupt entfernt, und ich sehe endlich wieder die Sonne. »Sieh an, sieh an«, deklamiert er freudestrahlend, »dem Glücklichen schlägt keine Stunde.« Jetzt kriege ich erst mit, dass ich nicht nur inmitten eines Laubhaufens liege sondern ziemlich bescheuert eingeklemmt zwischen weit ausladenden Baumwurzeln.

O, armer Friedemann, wie wirst du das wohl richten? Aber auch für diese fast aussichtslose Situation hat Friedemann ein klares Rezept: »Bist du Amboss, sei geduldig, bist du Hammer, schlage zu«, wendet er sich an seinen eifrig mitsuchenden Mitspieler. »Altes arabisches Sprichwort«, fügt er hinzu, »ich schätze, jetzt muss ich Hammer sein.« Und er schafft es tatsächlich. Wie er mich da mit dem Wedge heraushaut und dabei auch noch Länge macht, so dass ich schnurstracks auf dem Grün lande: Sensationell, muss ich sagen.

»Wie machst du das?«, fragt einer seiner Mitspieler erstaunt, »aus dieser Situation einen solchen Ball zu spielen, ist eigentlich unmöglich.«

»O nein«, sagt Friedemann lächelnd, »nichts ist unmöglich. Wo ein Wille ist, ist auch ein Weg.«

Damit ist die Sache für ihn erledigt.

Ja, so ist der Friedemann. Wer mit ihm auf die Runde geht, bekommt nicht nur seine Lektionen in Sachen mentale Stärke beim Golfen, sondern erweitert, sozusagen als Zugabe, gleichzeitig seinen Horizont und kann sich im nächsten Winter den

Volkshochschul-Grundkurs »Philosophie für Einsteiger« sparen. Das macht das Spielen mit Friedemann doppelt wertvoll.

Bei der 18 angekommen, liege ich auf dem Par 4 zwei für Birdie, traurig, dass diese inspirierende Runde mit ihm nun in Kürze zu Ende sein würde. »Rein oder nicht rein, das ist hier die Frage«, meint Friedemann, nach wie vor voller Energie, als er mich gute fünf Meter vor der Fahne liegen sieht. »Wenn ihr mich fragt, ich bin für rein«, sagt er entschlossen und versenkt mich mit einem Superputt im Loch.

Wow, der Mann hat's einfach drauf. Seine Mitspieler bedanken sich für dieses schöne Spiel und wollen sich gleich mit Friedemann für die nächste Runde verabreden. Worauf er, mit ausladender Geste auf das Clubhaus weisend erwidert: »Warum denn in die Ferne schweifen, wenn das Gute liegt so nah.«

*Golfy meint: Ach, gäbe es doch mehr Friedemänner auf unseren Golfplätzen. Wenn man öfter »In der Ruhe liegt die Kraft« hören würde an Stelle von »Gib ihm Saures«, ginge es sehr viel entspannter zu auf der Runde, und meine Kumpels hätten eine deutlich höhere Lebenserwartung. Deshalb: take it easy!*

# MARIANNE & ALEXANDER, DAS ALPTRAUMPAAR

Ich will kein Geheimnis daraus machen, dass ich mich manchmal leer und ausgebrannt fühle. Der eine oder andere wird denken: Was hat dieser kleine Rundling denn eigentlich? Kann sich doch nicht beklagen. Ist den ganzen Tag an der frischen Luft und kommt viel rum. Na, der soll mal meinen Job machen! Wird sich wundern. Golfballjahre sind keine Herrenjahre.

Von Zeit zu Zeit ist da eben dieses große Verlangen nach Ruhe. Einfach mal morgens nach dem Wachwerden liegen bleiben und nicht immer an diese Schläger-Typen denken. Natürlich möchte ich selbst entscheiden, wann ich mir meine Auszeit nehme. Es kann nicht sein, dass andere darüber befinden. Wie neulich Marianne und Alexander. Die Marianne hat mich – ich schwöre es, so wahr mir Golf helfe – regelrecht aus dem Verkehr gezogen (ich hoffe, dass Sie jetzt nicht meinen, was ich meine, dass Sie meinen ...).

Als sie und ihr Sozialpartner sich dem 1. Abschlag nähern, steckt sie mich in ihre Westentasche. Zunächst empfinde ich diese Nähe als wärmend und reizvoll. Aber schon bald stelle ich fest, dass sie nicht mich, sondern einen wesentlich jüngeren Kollegen (wenn Sie mich fragen: ein widerlicher Karrierist ohne Erfahrung und Skrupel) aufs Tee legt. Ich bin sauer und entsetzt, dass sich mir die Dimples sträuben. Doch nach und nach werde ich als stiller Genießer merklich milder gestimmt ...

Ich bin wirklich kein Spanner, aber was ich da so alles mitbekomme zwischen Marianne und Alexander – oijoijoijoijoijoi!

Wenn es bei denen zu Hause auch so zugeht, ist ihre Ehe ja der reinste Psycho-Terror! Bin ich froh, ein Single zu sein! Hier ein paar Situationen, die mir noch in Erinnerung sind:

Marianne setzt diesen fiesen Möchtegern-Golfball aufs Tee und macht einen Probeschwung.

Er: »Man macht keinen Probeschwung am Abschlag. Das gehört sich nicht.«

Sie (schon gereizt): »Ich weiß es. Du sagst es mir ja immer wieder.«

Er: »Und warum machst du es trotzdem?«

Sie: »Weil es jeder macht! Bernhard Langer macht es. Und Tiger Woods macht es auch.«

Er: »Ich mache es nicht, weil es nicht der Etikette entspricht.«

Sie: »Du bist auch kein Tiger, sondern eine Maus und im Kopf so kleinkariert wie deine Hose.«

Er: »Beim Golf zeigt sich dein wahrer Charakter: ohne Disziplin, schlampig. Meine Mutter hat mich gewarnt.«

Sie: »Meine auch ...«

So eine Fetzerei kriege ich ja sonst nie mit. Ein Schlag – und ich bin weg, höre kein Wort mehr. Am 4. Loch gibt es schon wieder Zoff.

Er: »Bravo, Marianne. Das war ein toller Schlag! Der Ball fiel ja wie ein Stein aufs Grün. Vergiss nicht, die Einschlagstelle mit deiner Pitchgabel auszubessern.«

Sie: »Hab ich gar nicht dabei.«

Er: »Solltest du aber.«

Sie: »Du hast doch sicher eine in der Tasche, als Diplom-Golfer ...«

Er: »Wenn ich eine habe, hast du noch lange keine.«

Sie: »Ich dachte, wir sind verheiratet. Da teilt man doch alles.«

Er: »Aber keine Pitchgabel.«

Sie: »Können wir ja noch in unseren Ehevertrag reinschreiben lassen.«

Er: »Werde bitte nicht unsachlich – das ist ein Spiel.«

Sie: »Du bist viel zu verbissen. Mit dir ist kein Spiel ein Spiel ...«

In dem Stil geht es immer weiter. Ist ja unglaublich, was mir da alles zu Ohren kommt. Besonders, als Marianne mal ein Klo aufsuchen muss. Absolutes Neuland für mich. Aber was soll ich denn machen? Marianne nimmt ihr Handy, und ich höre, wie sie sagt:

»Ach, du, mein Hubert, wie viel lieber wäre ich jetzt bei dir. Ich liebe dich mehr als alle Berge hoch sind. Und noch ein Gurkenscheibchen obendrauf ...«

Da kann doch was in der Ehe von Marianne und Alexander nicht stimmen! Er ist nun mal ein Krümelkacker. Und sie hat offenbar mit Hubert eine echte Alternative.

Am 11. Loch geht es richtig zur Sache.

Sie: »Uppps – ich habe ja noch kein Geburtstagsgeschenk für deine Mutter besorgt.«

Er: »Wie bitte? Soll das heißen, dass wir heute Abend mit leeren Händen dastehen?«

Sie: »Ich fürchte ...«

Er: »Aber du hast dich doch gestern extra den ganzen Tag ausgeklinkt, um was für Mama zu besorgen. Und dann bist du sogar erst nach Mitternacht nach Hause gekommen und hast gesagt, dass du völlig erledigt bist. Ja, wo warst du denn?«

Sie: »Schatz, spiel jetzt bitte weiter. Die hinter uns sind schon ganz unruhig. Du weißt doch, dass man beim Spiel nicht trödeln darf ...«

Er: »Entschuldige, Liebes, du hast Recht.«

Also, was aus den beiden werden soll, ist mir ein Rätsel. Am 18. und letzten Loch versenkt Marianne ihren Ball in einem Wasserhindernis. Ich gebe zu, dass mich das auch ein wenig freut. Es ist einfach wichtig, dass die jungen Hüpfer mal Extrem-Erfahrungen machen. Was mich angeht, kann ich mich unterm Strich nicht beklagen. Obwohl ich bis jetzt nicht im Spiel war, hatte ich bei diesem Flight durchaus meinen Spaß und konnte auch noch neue Erkenntnisse gewinnen.

Durch Mariannes Missgeschick komme ich zu guter Letzt, wenn auch emotional nicht mehr so recht darauf eingestellt, doch noch zum Einsatz. Marianne legt mich aufs Tee und sagt: »Du Arsch!«

Erst nach ein paar Sekunden wird mir klar, dass sie gar nicht mich, sondern ihren Alexander meint. Der hatte nämlich sein Spiel mit den Worten »Ich besorg noch was für Mama« abgebrochen und war verschwunden.

Ich finde es toll, Marianne jetzt für mich zu haben. Ich genieße ihren Schlag, mache mich für sie lang und platziere mich zehn Zentimeter vor dem Loch. Mehr kann man nicht tun. Als sie zu mir kommt, lächle ich sie an und hauche: »Schau mir in die Dimples, Kleines«.

Marianne gibt mir einen zärtlichen Schubs – und ich tauche ab. Als sie mich hochnimmt, spüre ich eine sagenhafte Harmonie. Marianne ist am letzten Loch durch mich wie verwandelt. Ich bin eben auch nicht mit ihr verheiratet.

*Golfy meint: Ehepaare sollten besser nicht in einem Flight zusammen spielen. Das gibt nur Ärger. Ist ein ständiges Belauern, Bekritteln und Nörgeln. Die Zahl der Scheidungen unter golfspielenden Ehepaaren könnte viel geringer sein, wenn man sich auf dem Golfplatz aus dem Weg ginge.*

# FRANK, DER FATALIST

Neulich hatte ich einen verrückten Traum. Da bin ich als »Golfball des Jahres« zu Gast bei Thommy Golfschalk und sitze bei ihm auf der Promi-Couch. »Golfy«, fragt mich Thommy, »es spielen ja immer mehr Leute Golf – was für Spielertypen ärgern dich eigentlich am meisten?«

»Weißt du«, sage ich, »ich als Geschlagener habe ja ohnehin kein leichtes Leben. Ein paar Typen machen mir gelegentlich schon zu schaffen, wenn ich nur mal an die Kraftmeier denke oder an die gänzlich Unbegabten, die eigentlich besser bei meinem Kollegen vom Minigolf aufgehoben wären. Aber die, die mir am meisten auf den Senkel gehen, das sind die Selbstquäler. Meistens sehr gute Spieler, für die aber gleich die ganze Welt zusammenbricht, wenn sie mal einen schlechten Tag haben. Sie sind unerträglich, aber was soll ich machen: Ich suche sie mir ja nicht aus, sondern sie mich. Ich bin ja nur ein Dienstleister.«

Dieser Auftritt bei Thommy Golfschalk hat mir dann eine Menge Ärger in unserer Golfball-Genossenschaft eingebracht. Ich hätte angeblich ein Teil unserer Kunden beleidigt, wurde mir vorgeworfen. »Eine unerträgliche Indiskretion«, wetterte mein Vorstandschef Golf Golfstein. Egal. Ich bin eben einer, der immer aneckt. Die Wahrheit wird nun mal nicht gern gehört. Gott sei Dank war es ja nur ein Traum, aber das ändert nichts an den Tatsachen: Die Selbstquäler sind die, die uns an die Wand drücken!

Ich denke nur an Frank. Der ist so schlimm, dass ich mich schon frage, warum ein intelligenter Mensch sich (und anderen) so etwas antut. Er quält sich derart mit Selbstvorwürfen, dass er vor jedem Abschlag eine Magentablette zu sich nimmt. Joachim – im Gegensatz zu Frank ein in sich ruhender Spieler – hat neulich mal zu ihm gesagt: »Mensch Frank, du bist ja eine wandelnde Sodbrennerei ...«

Frank nervt seine Mitspieler schon bei der Begrüßung mit dem Hinweis, dass er eine beschissene Nacht hinter sich hat, von Krämpfen und Gliederschmerzen gepeinigt wurde. Vielleicht eine Grippe im Anflug? Beim Rasieren habe er sich schon überlegt, ob er überhaupt werde spielen können – in seiner angeschlagenen Verfassung.

Auf der Driving Range – das hat mir ein Hiwi von dort erzählt – soll er gestöhnt haben: »Heute verweigern mir sogar diese Billigheimer ihre Dienste. Ich hätte gar nicht erst herkommen sollen ...«

Im Spiel legt mich Frank beim 1. Abschlag so blöd auf das Tee, dass ich mich gerade noch mal ein paar Sekunden oben halten kann, aber dann versagen mir die Kräfte und ich falle hinunter. Zwei Mal geht das so, dann liege ich endlich. Er macht einen Probeschwung und berührt mich. Wieder falle ich runter. Pech für Frank, denn jetzt gibt's einen Strafschlag. Ich halte mir sofort die Ohren zu, höre aber dennoch seinen schrillen Aufschrei der Verzweiflung: »Ich wusste es. Und ich bin, verdammt noch mal, selbst schuld. Was mache ich hier eigentlich?« – Gute Frage, Frankie-Boy.

Von Loch zu Loch werden die anderen im Flight zunehmend missmutiger und gereizter. So ist das eben: Ein Miesepeter kann die Stimmung von drei wohlgelaunten Zeitgenossen, die golfgemut ins Spiel gegangen sind, auf Null-Ebene drücken. Das nutzt Frank, dieser unverbesserliche Fatalist, natürlich und legt sofort nach: »Ich bin heute für euch eine echte Belastung. Wäre ich doch bloß meinem ersten Impuls gefolgt und zu Hause geblieben.«

Manchmal erwacht wieder Leben in Frank. Dann erklärt er am 5. Loch wortreich, warum er am 2. versagt hat: »Im Golfshop haben sie an meinem 7er Eisen den Schwerpunkt verlagert. Und was ist dabei herausgekommen? So was! Totaler Pfusch. Das kann ja nichts werden!«

Das glaubt zwar keiner, aber sie tönen im Chor: »Genau, lieber Frank, der dumme Schläger ist schuld.«

Einmal, als es ihm am 15. Loch nicht gelingt, mich aus 50 Zentimetern einzuputten, zeigt er ganz unerwartet Humor. Zur Verblüffung seiner schon sehr apathisch wirkenden Freunde sagt er: »Christine schläft seit zwei Jahren nicht mehr mit mir. Wie soll ich auf Anhieb einlochen?«

Für ein paar Minuten wirken alle wieder richtig locker. Aber der nächste Rückfall ist nah, ebenso gewiss wie Frankies fatalistische Feststellung: »Manchmal glaube ich, dass das wirklich nicht mein Sport ist ...«

Ein Wesenszug, den ich – und damit befinde ich mich in bester Gesellschaft – auf den Tod nicht ausstehen kann, ist dieses larmoyante Nachkarten. Da hat man sich bis zum 16. Loch nach vorne gelitten, hat als wohlmeinender Mitspieler nicht mit Lob und bewundernder Anerkennung für gelungene Schläge – die Frank ja wirklich drauf hat – gespart, in der Hoffnung, dieser geschundenen Seele wieder Auftrieb zu geben, da bricht es aus diesem Golfmaso hervor, dass es nur zum Weinen ist: »Jetzt ist mir alles klar. Jetzt weiß ich, warum ich den Abschlag an der 10 so kläglich vermurkst habe. Ich stand zu nah am Ball. Ich muss einfach mehr Abstand halten. Wenn ich zu nah stehe, ist der Hook unvermeidlich.«

Kein Mensch weiß mehr, was an Loch 10 war. Keiner will es mehr wissen. Das liegt sechs Löcher zurück und das Spiel geht nach vorn – bei den andern. Franks enervierende Selbstbezichtigungen indes halten an bis ins Clubhaus: »Sorry, Leute, aber die nächsten vier Wochen werde ich nicht mit auf die Runde gehen. Ich muss mir einen Pro nehmen und meinen Schwung komplett umstellen, sonst hat das doch gar keinen Sinn. Dann macht's mal gut.« Natürlich wissen alle, dass Frankie am nächsten Mittwoch wieder pünktlich zur gewohnten Zeit am Abschlag stehen wird.

*Golfy meint: Einer wie Frank, der beruflich nur den Erfolg kennt, muss lernen, dass er nicht auch beim Golf zwangsläufig der Chef ist. Und dass seine wiederholte Androhung, sich vom Weltgolf zu verabschieden, die anderen eher hoffen lässt. Ich kann ihm nur wünschen, dass er endlich mal wieder bei Christine zu Potte kommt. Soll Wunder wirken. Leider kann ich ihm dabei nicht helfen ...*

# CARL-AUGUST, DER VETERAN

Die Frauen lieben ihn wie ein Knuddel-Bärchen. Die Männer verehren ihn und hängen an seinen Lippen, wenn er auf dem 19. Loch, wie Golfer das Clubhaus nennen, aus seinem reichen Erfahrungsschatz plaudert.

Und wir Golfbälle – wir haben ihn erst recht ins Herz geschlossen. Weil er uns verschont. Carl-August hat in unserem Club noch nie gespielt. Jedenfalls hat ihn noch nie jemand auf der Runde gesehen. Er ist ein Phantom-Golfer, und er ist vor allem ein guter Geist.

Ein Jahr mag es jetzt her sein, da passierte Folgendes: Einer dieser lästigen Gastspieler legt mich am 18. Loch auf das Tee. Ich denke: Prima, gleich ist Feierabend. Par 3 – da gibt es ja nicht mehr viel zu tun. Bin ich rechtzeitig zur Sportschau zu Hause. Aber was macht dieser Typ? Er nimmt für lächerliche 140 Meter sein 3er Holz (!), prügelt auf mich ein und ich fliege Richtung Clubhaus, durchschlage eine Fensterscheibe und treffe einen der Gäste, der am Kopf blutend vom Barhocker fällt. Sofort ist Carl-August zur Stelle, kümmert sich um den Verletzten und sagt zum Barkeeper: »Schnell eine Flasche Dimple! Hier hilft nur Whisky. Ich zahle solange, bis der Arme keinen Schmerz mehr verspürt …«

Das finde ich ja schon recht nobel. Aber dann entdeckt er mich, wie ich da blutverschmiert am Boden liege. Er nimmt mich hoch, zieht aus seinem stahlblauen Blazer ein Seidentuch und putzt mich sauber. Das Schärfste: Er sagt zu mir »So, mein Guter, du kannst ja nichts dafür. Schön, dass du dich nicht verletzt hast. Ihr habt es manchmal wirklich nicht leicht.« Dann lässt er mich in seine rechte Blazertasche gleiten und gibt mir noch einen freundschaftlichen Klaps.

Ich habe eine Stunde Zeit, um mich ein wenig auszuruhen, da stehe ich im Mittelpunkt. Carl-August hält eine kleine Ansprache, weil die dicke Daggy ihren Fünfzigsten feiert. Plötzlich nimmt er mich in die Hand und sagt vor versammelter Mannschaft:

»Freunde, lasst uns an diesem Tag auch mal unseren Golfbällen danken. Was wären wir ohne sie? Ihr Golfer der Welt, schaut auf diesen Ball: Er hat heute Schlimmes mitgemacht, und doch lächelt er uns an und ist bereit zu neuen Taten ...«

Da bekomme ich auf einmal Standing Ovations und bin vor Rührung den Tränen nah. Während ich ein Weilchen auf dem Tisch liege, kann ich mit anhören, wie die Damen von Carl-August schwärmen:

»Er ist der charmanteste Mann, den ich kenne«, sagt die dicke Daggy, »möchte wissen, warum so einer keine Frau hat. Er wird doch wohl nicht schwul sein ...?«

»Ach was«, meint Charlotte, »es ist einfach schön, dass es noch solche Männer gibt«.

Ja, dieser Carl-August ist d i e Persönlichkeit unseres Vereins. Nicht nur, weil er jedes Jahr die Weihnachtsfeier und im Sommer eine große Grill-Party ausrichtet – er hat das gewisse Etwas. So wird erzählt, dass ihm mal sein Jaguar gestohlen wurde, in dessen Kofferraum sich sein Putter befand. Auf der Polizeiwache soll er gesagt haben: »Das Auto ist nicht so wichtig, aber ich setze eine Belohnung auf meinen Putter aus ...«

Von allen Seiten wird er immer wieder bedrängt, doch mal mit über den Platz zu gehen oder wenigstens sein Handicap zu verraten. Seit Jahren geht das so. Aber immer wieder lehnt er dieses Ansinnen ab, und über sein Handicap spricht er grundsätzlich nicht.

»Für mich ist das kein Thema mehr«, sagt er dann nebulös, »ich hatte meine Zeit, und ich sage euch, es war eine verdammt gute Zeit ...«

Wann war das bloß? Und wie kann man sich das vorstellen? Tatsache ist: Er kennt alle großen Golfplätze der Welt und verfügt über ein erstaunliches Detailwissen. Ob in Florida, Südafrika oder Schottland – Carl-August hat offenbar schon überall gespielt.

Gern erzählt er diese Geschichte:

»Damals, ich glaube, es war 1978, habe ich auf dem berühmten Old Course of St. Andrews in Schottland gespielt. Die Bahn 17 verläuft parallel zu einer Straße. Das Old Course Hotel, früher ein Bahnhof, bildet die Aus-Linie. Hinter dem Grün führt eine kleine Straße vorbei, vor der links der gefürchtete Road-Hole-Bunker liegt. Er ist fast zwei Meter tief, sehr steil und bringt so manchen Profi zur Verzweiflung. Der Japaner Tommy Nakajima brauchte vier Schläge, um aus dem Bunker zu kommen. Seitdem heißt der Bunker ›The Sands of Nakajima‹. Ich habe im Bunker übrigens nur einen Schlag gebraucht.«

Regelrecht schockiert hat mich Carl-Augusts Story von einem seiner Flights im Lost City Golf Course in Südafrika. Am 13. Loch soll sich ein »tierisches Hindernis« befinden – eine Vertiefung, in der sich Krokodile tummeln. Carl-August: »Da habe ich doch tatsächlich drei Bälle versenkt. Offenbar Leckerbissen für Krokodile. Ich habe nicht einen Ball wiedergefunden ...«

Was 'n Glück, dass ich nicht Golfball in Südafrika bin.

Auf jeden Fall habe ich mich wahnsinnig gefreut, als er mich am Abend jenes denkwürdigen Tages mit nach Hause nimmt.

Dort komme ich aus dem Staunen nicht mehr raus: Golfbücher und -magazine wo ich hinsehe. Auf dem Wohnzimmertisch ein aufgeschlagenes Golfjournal mit einer großen Reportage über spektakuläre Hole-in-Ones.

»Na, wie viele Asse hast du denn schon erlebt?« spricht Carl-August mich redselig an, während er sich noch einen Drink einschenkt, »wahrscheinlich mehr als ich, mein Freund. Ich hatte nämlich noch nie eines.«

Und nach einem kräftigen Schluck packt mein neuer Freund richtig aus: »Dir kann ich es ja sagen: Ich habe noch nie in meinem Leben eine Runde Golf gespielt. Tja, da staunst du, was? Aber es ist die Wahrheit. Willst du wissen weshalb? – Na schön, zu dir habe ich Vertrauen. Aber nicht weitererzählen, hörst du!«

Nur gut, dass Carl-August keine Ahnung hat von verrückten Autoren, die meine Geschichten aufschreiben, und noch verrückteren Verlegern, die das auch noch drucken. Also gucke ich ganz unschuldig drein und höre mir seine Geschichte an: »Vor 40 Jahren habe ich zum ersten Mal einen Golfschläger in die Hand genommen und gleich beim ersten Rückschwung meinem Golflehrer das Schienbein zertrümmert. Als er wieder genesen war, sagte er mir, ich hätte zum Golfen nicht das geringste Talent. Aber ich habe weitergemacht. Im Laufe der nächsten Wochen und Monate wurde mein Pro zunehmend und auffällig depressiv. Am 27. Juli 1962 begann mein 7. Schnupperkurs auf der Driving Range. Mein Lehrer kam nicht. Er hatte sich aufgehängt. In seinem Abschiedsbrief stand: ›Nie wieder Carl-August!‹. Und so beschloss ich, im Interesse der öffentlichen Sicherheit selber keine Golfschläger mehr in die Hand zu nehmen, sondern Golf-Theoretiker zu werden.«

Irgendwie habe ich mich an jenem Abend von Carl-Augusts Melancholie anstecken lassen und bittere Tränen mit ihm geweint. So etwas verbindet. Menschlich ist er für mich der Größte, mein Tiger Woods sozusagen. Wenn ich einen Preis zu vergeben hätte, würde ich ihm den Goldenen Golfy verleihen.

Den Rest der Nacht verbrachte ich bis zum Bauch im Whiskyglas. Danach habe ich mich erst einmal drei Tage lang ausgeschlafen und von all den Typen geträumt, die mir ans Herz gewachsen sind: Carl-August natürlich, Lucy, Friedemann, Thomas, Elke ...

Trotz meiner dicken Birne habe ich aber nicht vergessen, was Carl-August mir zuflüsterte, ehe bei ihm das Licht ausging: »Weißt du was, Kumpel? Auf meine nächste Golfreise nehme ich dich mit. Dann werden wir gemeinsam manches erleben – und vielleicht fange ich ja doch noch mit dem Golfen an. Mit dir könnte ich mir das vorstellen.«

Das ist 'n Wort. Ich bin dabei und freu' mich jetzt schon tierisch drauf. Da gibt es sicher eine Menge zu erzählen.

*Golfy meint: Golfer sind ja schon ein sehr eigenwilliges Völkchen. Mein lieber Schwan, da kann man echt was erleben. Jedenfalls wird's bei denen nie langweilig. Bis auf ein paar total Durchgeknallte liebe ich sie alle und bin froh, dass ich ihnen begegnet bin. Ich glaube sogar: Wer Golf spielt, kann kein schlechter Mensch sein. Nicht wirklich.*

# ANHANG

# GLOSSAR

ABSCHLAG: Hier geht's los. Herausgehobene Stelle für Nervenkitzel, feuchte Hände und außerordentliche Adrenalinproduktion – insbesondere der 1. Abschlag bei einem Turnier, wenn möglichst viele Leute drum herum stehen. 18-mal die Chance, ganz weit zu kommen – oder ganz fürchterlich alt auszusehen. Das Peinlichste, das einem Gentleman passieren kann, ist, den Ball so unglücklich zu treffen, dass er vor dem Damenabschlag zu liegen kommt (siehe *Lady*).

BAG: Eine Art Rucksack fürs Golf-Equipment, das meist den sozialen Background des Eigentümers widerspiegelt. Die einen brauchen es als Prestigeobjekt, die anderen als Transportmittel für alles Nötige und Unnötige. Je größer das Bag, um so größer die Chance zum Saisonbeginn, dort überraschende Entdeckungen zu machen.

BIG BERTHA: Eigenname für den *Driver* einer bekannten Herstellerfirma. Wird gerne als Synonym für besonders dicke Keulen benutzt.

BIRDIE: Ein Schlag unter *Par.* Für Profis ein Must, für erfahrene Amateure ein Glücksmoment, für Anfänger (eher selten) Anlass für die irrige Annahme, das würde jetzt immer so klappen.

BOGEY: Ein Schlag über *Par.* Für Profis schon ein Alptraum! Für Otto Normalgolfer ein durchaus respektabler Erfolg. Was schon häufiger vorkommt: ein Doppelbogey, also zwei Schläge über *Par*.

BUNKER: Mehr oder weniger tiefe Sandlöcher, die entlang des *Fairways* ebenso unnötig wie unfreundlich in die Landschaft gesetzt sind, am Ende gar das *Grün* »verteidigen«. Vor allem die sogenannten Topfbunker, die aussehen wie ein Bombentrichter und einen erwachsenen Mann mühelos »schlucken« können, sind bei den meisten Spielern nicht sonderlich beliebt. Bunker erfordern hartes Training mit dem *Sand Wedge*; für sonstige Sandkastenspiele sind sie denkbar ungeeignet.

DIMPLES: Die sympathischen Grübchen eines Golfballs. (Whisky-Freunde haben dabei auch noch andere Gedanken.) Die Anzahl der Dimples hat was mit Flugbahn und -weite zu tun.

DIVOT: Herausgeschlagenes Rasenstück auf dem *Fairway*. Muss wieder eingesetzt und festgetreten werden. Eigentlich selbstverständlich: Rasen nach oben!

DOGLEG: Wörtlich »Hundebein« – eine Spielbahn, die nach links bzw. rechts abknickt. Wer's drauf hat, spielt *Tigerline* und spart einen Schlag.

DRIVER: In der Regel eine ziemlich dicke Keule, die beim *Abschlag* zum Einsatz kommt, um den Ball möglichst weit nach vorne zu befördern. Spieler mit hohem *Handicap* sollten besser die Finger von diesem Gerät lassen und sich mit einem 3er *Holz* begnügen, denn der Driver will ordentlich bedient werden und verzeiht kaum einen Fehler.

DRIVING RANGE: Einerseits eine Art »Idiotenhügel« für Anfänger, andererseits unverzichtbares Übungsterrain für Fortgeschrittene und Profis.

EISEN: Wichtigstes Werkzeug, das auf der Runde zum Einsatz kommt und dem Spieler zusätzlich zu einem gewissen Muskeltraining verhilft. Für den Laien nicht nachvollziehbar, weshalb man sich mit so vielen von diesen Dingern abschleppt, wo doch einer aussieht wie der andere. Der Golfer weiß es natürlich besser und hat sofort ein abendfüllendes Gesprächsthema.

ETIKETTE: Golfknigge in Ergänzung zum *Regelwerk*. Sagt klipp und klar, wie man sich auf dem Platz zu verhalten hat. Manche Spieler führen sich allerdings auf, als hätten sie das Wort noch nie gehört. Zunehmende Verrohung!

FAIRWAY: Die eigentliche Spielbahn, zwischen *Abschlag* und *Grün*, auf der der Ball nach einem Flug zur Ruhe kommen sollte. Ein gepflegter, kurz geschnittener Rasen, von dem aus ohne Beeinträchtigung mit *Eisen* bzw. *Holz* gespielt werden kann. Da das Fairway von Bäumen, *Rough*, *Wasserhindernissen, Bunkern* und anderen Unannehmlichkeiten gesäumt ist, muss dringend geraten werden, immer diese Spielbahn anzuvisieren. Alles andere kostet Schweiß, Bälle und *Strafschläge*.

FLIGHT: Englisches Wort, das komischerweise überwiegend im deutschsprachigen Raum gebräuchlich ist (so ähnlich wie Handy für Mobiltelefon). Im Flight sind die (maximal vier) Spieler 18 Löcher lang auf Gedeih und Verderb aneinander gekettet. Wenn man Glück hat, können sich bei Turnieren sehr schöne Flights ergeben. Das Gegenteil ist allerdings auch möglich!

FORE: Verzweifelter Warnruf eines Spielers, dessen Ball völlig aus der Bahn geraten ist und Gefahr läuft, irgendeinen Spieler in Reichweite zu treffen. Sobald »Fore« ertönt, heißt es: Schläger fallen lassen, Hände über den Kopf und in Deckung gehen. Golfbälle sind sehr hart und können unverschämt weh tun.

GOLFBALL: Siehe Golfys Vorwort.

GREENKEEPER: Wichtige Mitarbeiter des Clubs. Sie sind für den Zustand des Platzes verantwortlich und bessern die von den Spielern verursachten Flurschäden aus.

GRÜN: Das Fernziel bei jedem *Loch*. Im Idealfall ein Rasenteppich mit extrem kurzgeschnittenem, ebenmäßigem Flor, auf dem irgendwo die kleine kreisrunde Öffnung eingelassen ist, in die der Ball schließlich mit Hilfe des *Putters* versenkt werden soll. Das *Grün* ist vorzugsweise von *Wasserhindernissen* und *Bunkern* umzingelt und schwer zu erreichen. Liegt der Ball endlich dort, muss es sorgfältig »gelesen« werden – sonst droht schiere Verzweiflung (siehe *Putter*).

HCP: Gebräuchliches Kürzel für *Handicap*.

HANDICAP: Wie im normalen Sprachgebrauch im Englischen drückt der Begriff eine gewisse Behinderung aus, deren Schwere durch Hinzufügung einer Zahl (beginnend bei 54, endend bei 0) festgestellt wird. Je höher die Zahl, desto schwerer die Behinderung. Die Berechnung des Handicaps hängt von verschiedenen Faktoren ab und ist eine Wissenschaft für sich. Nachzulesen in jedem Regelbuch.

HOLE-IN-ONE: Es bedarf einer gehörigen Portion Dusel, um bei einem Par 3 mit einem einzigen Schlag einzulochen. Das ist wie ein Sechser im Lotto. Doch im Gegensatz zur Lotterie fordert das Glück beim Hole-in-One unmittelbar seinen Tribut in Form einer Runde Champagner für alle im Clubhaus. Vermeiden Sie solche Sonntagsschüsse also tunlichst bei einem Turnier. Das kann verdammt teuer werden! Oder lassen Sie sich gegen Hole-in-One versichern. – Man soll's ja nicht glauben, aber das gibt's tatsächlich.

HOLZ: Wird neben dem *Eisen* als Schlagwerkzeug eingesetzt. Der längere Schaft und das mitunter bis zur Katzenkopfgröße angeschwollene Ende sorgen bei gekonnter Handhabe für eine enorme Beschleunigung des Balls und damit für einen besonders weiten Flug. Die Bezeichnung »Holz« ist historisch, hat sich aber als Unterscheidungsmerkmal zum Eisen erhalten, auch wenn die modernen Hölzer alle aus Metall (Aluminium, Titan etc.) gefertigt sind.

HOOK: Ein verunglückter Schlag, bei dem der Ball in der Luft nach links abdreht und landet, wo er nicht soll. Das Gegenteil vom *Slice*.

LADY: Eine »Lady schlagen« ist keine frauenfeindliche Attacke, sondern der Inbegriff des Versagens für jeden Mann. Hat er es nämlich nicht vermocht, seinen Ball über den vorgelagerten Damenabschlag hinaus zu befördern, zieht er sich in der Regel die Häme seiner männlichen Mitspieler zu. Unter Gentlemen ist eine Lady immer kostenpflichtig: Eine Runde im Clubhaus.

LOB: In diesem Falle keine verbale Streicheleinheit, sondern ein gewollter Bogenschlag, meist zur Überwindung eines Hindernisses.

LOCH: Das Endziel aller Bemühungen, dessen Lage auf dem *Grün* schon von weitem durch eine kleine Fahne (die muss beim Einlochen des Balls herausgenommen werden) angezeigt wird. Meist ist das Loch wenig entgegenkommend auf der Kuppe eines stark ondulierten *Grüns* oder ganz nahe am *Wasserhindernis* platziert. Üblicherweise werden auf einer Runde 18 Löcher gespielt (bei Neun-Loch-Plätzen macht man die Runde eben zweimal). Das 19. Loch – bei Dauerregen oder 30 Grad im Schatten herbeigesehnt wie kein anderes – ist das Clubhaus.

LONGHITTER: Spieler, die mit gutem Schwung, Kraft, Geschick und dem geeigneten Schlaggerät vor allem beim *Abschlag* überdurchschnittliche Weiten erzielen. Bei langen Bahnen durchaus ein Vorteil – wenn anschließend auch das Kurzspiel stimmt. Gewonnen (oder verloren) wird ein *Loch* immer noch auf dem *Grün*, und dort entscheiden Zentimeter.

MULLIGAN: Sehr beliebtes Mittel bei Privatrunden, um den *Score* am Ende ein wenig zu schönen. Bei einem total vermurksten 1. *Abschlag* nimmt man sich seinen Mulligan und darf ohne Strafschlag noch einmal ran. Mehrfach-Mulligans sind nicht vorgesehen. »Erfinder« dieser sympathischen Variante soll ein gewisser Ferguson O'Shaugnessy Mulligan gewesen sein, von dem man nicht weiß, ob er Ire oder Kanadier war.

OPEN: Offene Meisterschaft (z.B. German Open), bei der die Profis um Ruhm und Dollar spielen. Nur wenigen Amateuren ist es vergönnt, hier mitzumischen.

PAR: Eigentlich dreht sich alles um diese drei Buchstaben, die für Professional average result (durchschnittliches Profi-Ergebnis) stehen, und nicht mehr und nicht weniger bedeuten, als dass ein ordentlicher Golfer konsequent nach 3, 4 oder 5 Schlägen einlocht. Wer das schafft und dabei noch das eine oder andere *Birdie* produziert, ist seinen Amateurstatus los und muss sich mit den Profis messen. Dem durchschnittlichen Golfer passiert das allerdings nicht allzu häufig, eher schon ein *Bogey*. Aber eins über Par ist ja auch nicht so schlecht.

PITCHGABEL: Kleines Werkzeug, das jeder Spieler in der Tasche haben sollte, um die Einschlagsdelle des Balls auf dem Grün (Pitchmarke) zu reparieren. Wird leider oft vergessen.

PRO: Der Clubtrainer. Meist gut aussehender, durchtrainierter Smarty vom Typ »Lebensretter am Luxusstrand«. Die Frauen umschwärmen, die Männer bezahlen ihn.

PROVISORISCHER BALL: Segensreiche Einrichtung für Realisten. Wird gespielt, wenn z.B. der 1. Abschlag in der Wallachei landet und vermutlich nicht mehr auffindbar oder im Aus ist. Glücksritter verzichten gerne darauf und müssen dann meistens verdammt weite Wege gehen.

PUTTER: Eigentümlich geformtes Eisen, das ausschließlich auf dem *Grün* zum Einsatz kommt. Durch möglichst gefühlvolles Bedienen des Putters wird der Ball die letzten Meter (oder Zentimeter) seiner Reise zum *Loch* befördert. Den Vorgang nennt man Putt. Das gelingt jedoch nicht immer wie vorgesehen, und so wird ein durch gelungene lange Schläge greifbar naher guter *Score* durch miserable Putts oftmals zunichte gemacht. Temperamentvolle Charaktere würden den Putter dann am liebsten ... Aber das ist nicht erlaubt.

REGELWERK: Sollte man abgespeichert im Kopf oder gedruckt im *Bag* haben. 34 Hauptregeln mit unzähligen Unterpunkten und Anhängen sorgen für Klarheit auf der Runde – oft aber auch für nicht enden wollende Diskussionen. Im Zweifelsfalle helfen nur The Royal Ancient Golfclub of St. Andrews in Schottland oder die United States Golf Association weiter, die für die regelmäßige Aktualisierung der »Golferbibel« zuständig sind.

ROUGH: Gebüsch, Acker, hohes Gras, Astwerk, Steine – alles, was die Natur zu bieten hat, um einem das Finden und erst recht das Spielen eines *Golfballs* so schwer wie möglich zu machen. Ausflüge ins Rough sind eine wunderbare Gelegenheit, die heimische Flora näher kennenzulernen. Allzu häufige Umwege durch die Botanik wirken sich jedoch nicht nur negativ auf den *Score* aus, sondern auch auf die Kondition. Statt der üblichen rund sieben Kilometer kann so eine 18-Loch-Runde leicht ein paar Kilometerchen länger werden. Und das geht ziemlich in die Beine.

SEMI-ROUGH: Halbwegs spielbare Zone zwischen *Fairway* und *Rough*. Gewissermaßen der Vorhof zur Hölle.

SCORE: Das, was am Ende zählt. Auf der Scorekarte wird die Anzahl der Schläge, die der Spieler für jedes *Loch* auf der Runde gebraucht hat, eingetragen (bei einem Turnier vom *Zähler*). Manchmal erscheint dort statt einer Zahl nur ein Strich, d.h. dieses *Loch* wird nicht gewertet. Das ist ärgerlich, denn jedes Pünktchen ist wichtig, erst recht, wenn es darum geht, sein *Handicap* zu verbessern. Manche Spieler greifen nach einer Privatrunde auch zum Radiergummi, um den Score nachträglich leicht zu schönen. Bringt nichts! Beim nächsten Turnier kommt die Wahrheit sowieso ans Licht.

SCHWUNG: Wichtigstes Element bei jedem Schlag. Nur darauf kommt es an, ohne Schwung läuft gar nicht. Eigentlich sollten die Schläger »Schwinger« heißen.

SLICE: Mehr oder minder heftige Rechtskurve auf der Flugbahn eines Balls, die vom Spieler meist so nicht gewollt ist und üblicherweise im *Rough* endet. Ein solcher Drall ist nur zu vermeiden, indem man den Ball punktgenau aufs Bäuchlein trifft (siehe *Hook*).

STABLEFORD: Seit 1998 offizielles Zählsystem bei Handicapturnieren. Ausgeklügelt von einem schlauen englischen Arzt namens Frank Barney Gordon Stableford.

SWEET SPOT: Der »süße Fleck« eines Schlägers, mit dem man idealerweise den Ball trifft. Mit Glück gelingt es manchmal. Besser ist: üben, üben, üben.

STRAFSCHLAG: Sehr ärgerliche Angelegenheit, die nicht nur die Laune verdirbt, wenn's gerade passiert, sondern vor allem am Schluss, wenn's ans Zählen geht. Strafschläge sind disziplinarische Maßnahmen, die das *Regelwerk* für eine Reihe von Missgeschicken und Vergehen vorsieht (z.B. Inanspruchnahme eines 2. Balls beim *Abschlag*, Versenken des Balls im Wasser). Die Gefahr, einen Strafschlag zu kassieren, ist für Anfänger akut.

TEE: Inspiriert von Stiftzähnen, hat ein New Yorker Zahnarzt dieses nützliche Utensil erfunden, das beim *Abschlag* – und nur dann – Verwendung findet, um dem Ball für diesen wichtigen ersten Schlag etwas mehr Bodenfreiheit zu geben und so die Chance für einen weiten Flug zu erhöhen. Wenn von Tee-Time die Rede ist, hat das also nichts mit einer Verabredung zum aromatischen Earl Grey mit Orangenplätzchen zu tun, sondern mit der Minute, in der der Ball vom Tee am 1. *Abschlag* auf die Reise geschickt wird.

TIGERLINE: Riskant geschlagener weiter Ball bei einem *Dogleg*. Der Spieler wählt den kürzesten Weg vom *Abschlag* zum *Grün*. Mathematisch gesehen spielt er die Hypotenuse statt der beiden Katheten entlang. Die Tigerline hat nichts mit Tiger Woods zu tun, obwohl der das natürlich meisterhaft beherrscht.

TROLLEY: Wägelchen auf zwei Rädern als Transporthilfe für das *Bag*. Wird geschoben oder gezogen, für die 50-plus-Generation vorzugsweise mit Elektromotor ausgerüstet.

WASSERHINDERNIS: Kleine Seen, Teiche oder Bachläufe, die, von Menschenhand angelegt, meist dort auftauchen, wo man sie überhaupt nicht gebrauchen kann. Herrliche Biotope für die heimische Flora und Fauna (im Sommer auch gerne für Stechmücken) und eine optische Zierde für jeden Golfplatz. Doch die Schönheit hat ihren Preis. Nirgendwo auf der Runde werden mehr *Strafschläge* produziert als hier, was zur Folge hat, dass sich Wasserhindernisse – insbesondere bei weniger routinierten Spielern – sehr geringer Beliebtheit erfreuen. Ganz abgesehen von den Ballverlusten, die mit der Zeit auch einen gewissen Kostenfaktor darstellen.

WEDGE: *Eisen* mit sehr stark angewinkeltem Schlägerblatt (Loft), die bei besonders haarigen Situationen zum Einsatz kommen: z.B. der Sand Wedge im Bunker; der Pidging Wedge bei der Annäherung auf das *Grün* oder zur Rettung des Balls aus schwieriger Lage (hohes Gras, Laub etc.).

ZÄHLER: Mit seiner Unterschrift bestätigt er am Ende eines Turniers auf der *Scorekarte* eines Mitspielers, dessen Leistungen, sprich Anzahl der Schläge, ordnungsgemäß gezählt und aufgeschrieben zu haben. Es ist erstaunlich, wie viele Menschen hierzulande Probleme mit dem kleinen Einmaleins haben und über die Sieben einfach nicht hinauskommen – besonders wenn sie sich in Privatrunden selbst zählen.

IMPRESSUM
Bernd Philipp • Hubert von Brunn
Mit Illustrationen von Karsten Weyershausen
GOLFY – EIN GOLFBALL PACKT AUS

ISBN 3-89602-448-5



BILDNACHWEIS
Illustrationen: Karsten Weyershausen

KATALOG
Wir senden Ihnen gern unseren kostenlosen Katalog.
Schwarzkopf & Schwarzkopf Verlag GmbH / Abt. Service
Kastanienallee 32, 10435 Berlin.
Service-Telefon: 030 – 44 33 63 00
Fax: 030 – 44 33 63 044

INTERNET
Ausführliche Informationen zum
Verlagsprogramm finden Sie im Internet.
www.schwarzkopf-schwarzkopf.de

EMAIL:
info@schwarzkopf-schwarzkopf.de